_____ 님

살면서 감사할 일이 얼마나
많은지 모르고 그냥 지나치며 살았습니다.
사소한 일에도 감사할 기회를 주신 분께
자그마한 힘이 되길 바랍니다.

드림

감사의 재발견

감사의 재발견

윤국 지음

모아북스
MOABOOKS

저자의 말

오늘 하루도 감사합니다!

겨울 한파가 조금씩 물러가고 새봄의 따뜻한 기운이 조금씩 스며드는 지금, 일평생을 나라를 위해 복무해온 지난 30여 년의 세월을 떠올려봅니다. 힘든 일도 많았지만 좋은 일이 더 많았던 군 생활을 떠올려 보노라면, 저의 부모님이 제 이름을 '나라 국(國)'이라는 글자로 지어주셨을 때부터 이 모든 것이 숙명이었을지도 모른다는 생각이 듭니다.

긴 세월 동안 군에 몸담아오며 열정과 노력을 다하는 가운데 가장 절실하게 느낀 것이 있습니다. 군대는 강한 정신력과 함께 병사들의 자존감과 행복지수를 높여야 전투력이 향상된다는 점입니다.

그러나 군 복무 중 역경과 상처를 강력한 동기로 만들지 못하고 좌절하고 마는, 군인으로서, 어른으로서, 아버지로서 가슴 아픈 일이 한두 가지가 아니었습니다.

그렇다면 어려운 상황들은 왜 발생하는 걸까요? 현명하고 성공적인 인생을 산 사람들은 말합니다. 청춘 시절의 결핍과 상처야말로 인생의 강력한 동인이자 소중한 에너지원이 되었다고 말입니다. 또한 어려움 속에서도 한 줄기 빛처럼 감사할 거리를 찾아내는 것이야말로 긍정적인 삶의 바탕이 된다고 말입니다. 그렇다면 왜 지금 우리 사회는 이런 행복과 감사가 전멸한 사회가 되었을까요?

요즘 다양한 통계들을 보면 지금의 한국인들, 특히 젊은이들은 그다지 행복하지 않은 것 같습니다. OECD 자살률 1위라는 오명은 익숙해진 지 오래, 그 외에도 수많은 불행들이 한국인들을 겨냥한 것처럼 느껴지기도 합니다. 이 와중에 생각해봐야 할 점은 이런 외적인 요인들이 분명히 존재하는 만큼 우리를 행복이 아닌 불행으로 이끄는 수많은 원인들 중에 '감사 불감증'과 자존감 상실도 존재한다는 점입니다.

자존감이란 무엇일까요? 수많은 이론적 설명들이 있겠지만, 자존감이란 결국 자신을 가치 있다고 여기는 사고입니다. 자기 존재를 튼튼하게 받치는 반석입니다. 모래 위에 지은 집이 튼튼하고 오래갈 수 없듯이 자존감이 약하거나 낮은 사람은 아무리 좋은 집과 외제차를 가졌더라도 온전한 행복에 도달하기 어렵습니다. 그 좋은 집과 외제차가 없다면 그에게 더는 내세울 것이 없기 때문입니다.

반면 자존감이 높고 튼튼한 사람은 현실적인 어려움이 닥쳐 허름한 옷을 입고 가난에 시달리더라도 어떻게든 자신을 보호하고 스스로를 가치 있는 사람으로 생각함으로써 위기를 이겨낼 힘을 얻습니다.

또 하나 생각해봐야 할 점은 이 자존감이 행복과 감사의 경험을 통해 성장한다는 점입니다. 어린 시절 얼마나 많은 행복을 경험하고 주어진 것에 감사하며, 이 행복과 감사 속에서 성장했는가가 일생 동안 그 사람의 자존감에 영향을 미치기도 합니다. 그럼에도 우리나라 부모들은 자녀들에게 유아기를 제외하고는 감사 훈련을 시키지 않는 경우가 많습니다. 자녀들은 자라면서 매사에 감사하기 보다는 불평, 불만을 훨씬 많이 하게 됩니다. 즉 감사함을 깨닫지 못한다는 것은 상처와 역경을 행복의 동기로 변화시키는 방법을 알지 못한다는 것과 같습니다.

인생은 행복하지 않아서 감사하지 못하는 것이 아닙니다. 그 반대로, 감사하지 않기 때문에 행복을 깨닫지 못하는 것입니다.

단언컨대, 감사하는 사람들의 삶은 다릅니다. 그들은 더 행복하다고 느끼고 낙천적으로 생각하며 열정적으로 활동하고, 결단력도 좋습니다. 보다 창조적이고 열린 시각으로 세상을 바라보며 타인에게 관대하고 친절하며 스트레스에도 강한 경향이 있습니다.
감사하는 태도를 얻게 되면 내가 변화하고, 더불어 나를 둘러싼 인간관계도 변화합니다. 열악한 환경에 처해있다 하더라도 얼마든지 강력한 동력으로 만들 수 있는 힘을 '감사'를 통해 키울 수 있는 것입니다.

그런 의미에서 최근 몇 해 전부터 감사 열풍이 불기 시작한 것은 반가운 소식이 아닐 수 없습니다. 기업체에서, 학교에서, 가정에서, 그리고 군대에서, '감사 운동'은 조직 관리와 경영, 관계 회복과 마음 치유의 강력한 열쇠로서 갈수록 더 큰 호응을 얻고 있습니다.

여기서 우리는 한 가지 사실에 주목해볼 필요가 있습니다. 감사란 그저 속으로 막연하게 생각만 하는 데서 그쳐서는 안된다는 점입니다. 감사도 훈련과 연습이 반드시 필요합니다.

필자 역시 우리가 왜 감사해야 하는지, 무엇에 대하여 감사해야 하는지를 교육시키고 습관화시켜야 한다고 생각했고, 이러한 가치들을 실천하기 위해 군부대에서의 자존감 높이기와 감사 훈련에 대한 꾸준한 교육활동을 펼치기 시작했습니다. 또한 군 생활 동안 '감사의 재발견'을 통한 '섬김의 리더십'의 중요성을 깨닫게 되었습니다. 부하를 존중할 줄 아는 리더로 자리 잡기 위해 '소통'과 '공감'을 핵심 가치로 삼아왔습니다.

이 책을 통해 군생활과 그동안의 교육활동을 통해 터득한 감사의 가치, 그리고 이를 위한 자존감 향상의 중요성과 요령에 대해 이야기해보고자 합니다. 이 책을 통해 더 깊은 소통과 공감을 할 수 있음에 감사하고 또 감사할 따름입니다.

윤 국

책의 구성에 대하여

이 책은 '감사'라는 추상적인 의미를 구체적으로 '재발견'하는 방법과 요령을 제시한 책이다. 흔히 군 생활은 '상명하복이 최고의 가치인 집단'이라고 여겨진다. 명령과 복종만 있을 뿐이니 감사할 거리를 찾으려야 찾기 어렵다고 생각되는 것이다. 하지만 필자는 오히려 그 안에 숨겨진 감사의 의미를 깨닫고 이 책을 저술하게 되었다. 나아가 이 책에서는 감사를 실천하기 위한 근본적인 핵심사항으로 '자존감'에 대하여 강조하고자 한다. 감사는 항상 자존감으로부터 자란다는 깨달음이 있었기 때문이다. 그렇다면 감사에 왜 자존감 향상이 중요하는지 이유를 알아보자.

일생을 군에 몸담은 사람으로서 최근 뼈저리게 가슴 아픈 일들을 겪었다. 병영문화에서 드러나고 있는 크고 작은 문제점들, 국민들에게 큰 충격과 상처를 주고 아들을 군에 보낸 이 땅의 부모들을 마음 졸이게 만든 군대에서의 안타까운 사건사고들이 그것이다.

그중에서도 군의 '관심병사들'이 그러했다. 그들이 왜 관심병사가 될 수밖에 없었는지 그 근본적인 원인에 대하여 깊이 고민하지 않을 수 없었다. 기왕에 군에 들어왔다면 2년간 이곳에서 지내야 할 그들을 위해 할 수 있는 일이 무엇인지 깊이 숙고해야 한다는 의무감을 느꼈다.

오랜 시간 고민한 끝에 필자는 일반 장병들을 포함하여 전 부대원들을 대상으로 '자존감 높이기'라는 군대문화 혁신운동을 고안하게 되었다. 부대원들이 건강한 자아상을 확립한다면 각종 악성 사고들을 미리 예방할 수 있을 뿐만 아니라 궁극적으로 부대의 전투력을 향상시키는 기반이 마련되리라 생각했다. 또한 제대 후에도 건강하고 건전한 국민들로 살아갈 수 있다고 믿게 되었다.

감사하지 못하는 사람은 곧 상처 받은 사람이다. 상처는 드러내면 낫지만 감추면 곪는다. 자신의 상처를 제대로 인식하고, 그대로 인정하고, 그것이 내 모습임을 받아들이면 그 상처는 사라지고 오히려 삶의 강력한 동기로 작용하게 된다.

'관심병사들'도 마찬가지다. 어떠한 형태였건 그들이 과거의 암울하고 상처 받았던 기억들을 군대라는 곳에서 터뜨리고 있다면, 오히려 그것을 성공과 행복을 위한 강력한 동기와 에너지로 사용하는 법을 군에서 가르치고 격려하고 용기를 불어넣어줘야 한다. '가치 교육'을 통해 자신을 재발견하고, 궁극적으로 감사의 마음을 재발견하게 만드는 것이다.

이러한 과정을 한 마디로 표현하면 '자존감을 회복하는 과정'이라 할 수 있다.

'자존감'이란 '자기 존중감' 즉 '자기 스스로를 사랑하고 존중하고 존귀하게 여기는 마음'을 뜻한다. 상처받은 마음을 돌아보고 자존감을 회복시키는 과정은 존재 가치와 삶에 대한 감사를 이끌어낸다. 이런 마음을 재발견하게 된다면, 확신컨대 부대원들의 행복지수가 올라가고 부대에 대한 만족도가 올라가면서 상대방을 이해하고 소통하는 공감능력도 향상될 것이다. 또한 마음속의 부정적인 시각들도 점차 사라질 것이다.

부대에서 자존감을 향상시킬 수 있는 병영문화 혁신방안으로 구체적으로 제시하고자 하는 것은 필자가 대령 지휘관 시절부터 매우 열정적으로 실행해온 '3·6·5 행복운동'이라는 캠페인이다. 한때 필자는 약 600명의 장병들을 대상으로 한 달간 순회하며 '자존감 회복' 심화교육을 실시하였고, 이 교육과 캠페인을 통하여 상처를 입고 군에 입대한 병사들이 마음을 열고 회복되는 것을 목격했다.

'3·6·5'의 의미는 '365일 매일 실천하자'는 것이다.

> 3 : 매일 세 사람씩 칭찬하고 격려하기
> 6 : 6가지의 자기축복 카드를 매일 선포함으로써 긍정적인 자아상 훈련하기
> 5 : 매일 5가지씩 감사일기 쓰기

이 운동은 육군 수송교육 단장(수송병과장)시절에 모든 간부교육과정에 입교할 때마다 '행복 플러스 특별강좌' 물론, 특기병들에게도 매주 교육을 실시하였다.

이 책에서는 바로 이 경험을 통해 얻은 필자의 '자존감 높이기', '감사의 재발견'에 대한 이야기를 나누고자 한다.

이 책은 다음과 같이 구성되어 있다.

첫째, 1장~4장은 감사의 가치와 중요성을 발견하는 첫 여정이자 준비운동이다. 감사하기에 어려운 환경을 호소하는 병사들의 이야기로 시작해 진정한 감사의 의미와 필요성에 대하여 돌아볼 것이다. 2장과 3장은 우리에게 불만과 불행을 가져다주는 외부환경 요소들이 사실은 우리가 만들어낸 그림자일 수 있음을 보여준다. 또한 4장에서는 그저 '말뿐인 말' 로서가 아니라 심리학적 및 뇌 인지적, 신체적으로 왜 감사가 중요한 역할을 하는지에 대한 과학적인 근거들을 살펴볼 것이다.

> 1장. 감사가 뭔지 병사들에게 물어보자
> 2장. 상처 받은 마음에 확실한 인생 어드바이스
> 3장. 편견을 버리면 마음의 문이 열린다
> 4장. 우리 마음의 문은 누가 지배할까

둘째, 5장~8장은 감사를 재발견하기 위한 실질적인 실천 요령으로 이 책의 핵심에 해당된다. 자존감 회복, 긍정적인 언어 사용, 이를 통한 감사하기의 방법에 대하여 누구나 따라해볼 수 있는 가장 쉬운 요령들을 제

시할 것이다.

> 5장. 배움을 통해 자존감 회복하기
> 6장. 자존감을 내면화시키는 방법
> 7장. 감사를 습관화하는 실전 로드맵
> 8장. 감사습관 실행이 답이다

셋째, '9장. 병영문화 이렇게 달라졌다'는 실천 사례와 현장 적용 모습이다.

자존감을 높이고 감사의 가치를 재발견하는 '3·6·5 행복운동'을 실제로 어떻게 전개하였는지, 그리고 그로 인해 병영문화가 어떻게 혁신적으로 변화하고 있는지에 대한 생생한 병사들의 사례를 제시하고자 한다.

강한 군대는 결국 장병들로부터 시작된다. 즉 장병들의 자존감을 높여야만 군의 조직력, 나아가 전투력도 향상된다. 건강한 자존감을 가진 장병들은 존중과 배려를 통해 동기를 얻고, 군생활에 자발적으로 참여할 수 있다. 그 결과 각종 사고를 예방하고 자연스럽게 전투력도 향상될 것이다. 나아가 이러한 토대를 바탕으로 한 '감사훈련'의 가치는 단지 군에서뿐만 아니라 군을 제대한 이후 사회생활을 하는 모든 이들에게도 뜻깊은 삶의 방향을 보여줄 것이다.

삶은 우리의 마음이 변화할 때 함께 변화한다. 중요한 것은 실천과 실행이다. 이 책을 통하여 모쪼록 미처 깨닫지 못했던 감사의 마음을 재발견하고 긍정과 열정의 인생을 설계할 수 있기를 간절히 바란다.

차 례

저자의 말　8

책의 구성에 대하여　12

1장 　감사가 뭔지 병사들에게 물어보자

1. 저는 감사할 것이 하나도 없는데요?　24
2. 가진 것보다 가지지 못한 것이 더 많이 떠올라요　27
3. 제 자신이 형편없는 사람으로 느껴집니다　31
4. 동료에게 감사하는 마음이 생기지 않습니다　35
5. 원망, 분노에 휘둘려 감사할 여유가 없습니다　38
6. 불행한 과거의 기억 때문에 힘듭니다　41
7. 늘 야단만 맞아 주눅이 들 때 어떻게 해야 하나요?　44
8. 우울감이 심해서 살아가야 할 이유를 모르겠습니다　47

2장 　상처 받은 마음에 확실한 인생 어드바이스

1. 지금 행복하냐고?　52
2. 진짜 스펙은 인성이다　56

3. 나는 어디로 가고 있나? 59
4. 내 인생의 주인공은 나 62
5. 모든 개인들은 연결되어 있다 65

3장 편견을 버리면 마음의 문이 열린다

1. 익숙함 비리기 72
2. 타인의 상황을 인식하기 77
3. '나답게' 산다는 것은? 81
4. 타인에 대한 편견 버리기 85

4장 우리 마음의 문은 누가 지배할까

1. 신비로운 뇌 이야기 94
2. 우리 뇌가 원하는 것은? 100
3. 분노하는 뇌 다스리기 104
4. 공감하는 뇌 : 거울 뉴런 107
5. 언어가 생각을 지배한다 110
6. 감각과 뇌의 상호작용 114
7. '긍정'의 놀라운 파급력에는 비밀이 있다 117
8. 시련을 행운으로 바꾸는 비결 : 회복탄력성 122

5장 배움을 통해 자존감 회복하기

1. 마음과 마음이 연대하는 자존감 회복은 이렇게 132
2. 목표는 '자존감 향상' 이다 138
3. 자존감 회복을 위한 감정 코칭의 비밀 151

6장 자존감을 내면화시키는 방법

1. 긍정의 언어로 말하기 174
2. 말은 결과가 아니라 '원인' 이다 179
3. 감사 습관 생활화하기 186

7장 감사를 습관화하는 실전 로드맵

1. 매일 3명씩 칭찬하기 200
2. 축복카드 쓰고 말로 선포하기 205
3. 감사일기 쓰기 209
4. 감사 표현하기 213
5. 용서하기 217

8장 감사습관 실행이 답이다

사명선언문 작성하기   228

[액션 1] 소명 찾기   230

[액션 2] 정신적인 가치 찾기   233

[액션 3] 인간관계 바로세우기   236

[액션 4] 다음(제대, 진급, 졸업, 은퇴 이후)을 생각하기   240

[액션 5] 나눔의 삶 살기   243

9장 병영문화 이렇게 달라졌다

1. 병영문화를 혁신시키는 365행복운동이란?   252

2. 병영문화 이렇게 달라졌어요   259

3. '365행복운동' 확신에서 믿음으로 다가왔어요   266

맺음말   296

군대는 나를 변화시킬 터닝포인트의 무대이며 나의 미래다

1장

감사가 뭔지
병사들에게 물어보자

> 오늘은 아무 일도 없었다. / 한가함이라는 선물을 받았다.
> 오늘은 몸이 아파 누웠다. / 몸에게 반성하며 감사했다.
> 오늘은 좋은 일이 있었다. / 힘든 시간들에게 감사했다.
> － 박노해

잠깐만! 요약해서 먼저 들여다보기

매사에 감사하고 살아가는 마음가짐이 유익하다는 건 다들 안다.
하지만 그 방법을 아는 사람은 몇이나 될까?
감사하는 삶이 처음부터 쉬운 건 아니다.
당연했던 걸 당연하지 않게 바라보는 것부터
시작해야 하는 만큼 처음에는 어렵고, 심지어 '손발이 오글거리는'
느낌을 받기도 한다. '굳이 감사가 왜 필요한가?'
'어떻게 해야 그런 삶을 살 수 있을까?' 하는 질문이 떠오를 수도 있다.
지금부터 누구나 가지는 그 질문들, 더불어 그에 대한 해답까지
함께 살펴보는 시간을 마련하고자 한다.
다음은 필자가 일선에서 만난 수많은 병사들로부터 얻은
데이터들을 종합한 것이다.
실로 많은 병사들이 필자에게 수많은 아픔과 무기력을 호소했고,
그 와중에 이들이 공통적으로 느끼는 상실감과 의문들에
주목하게 되었다.
다음은 병사들이 필자에게 질문했던 것들 중에 가장 대표적인 것들을
뽑아본 리스트다.
아마 모두가 공감하는 내용들일 것이다.

1. 저는 감사할 것이 하나도 없는데요?

> 하늘도 고맙고, 공기도 고맙고,
> 모두 모두 고맙다.
> - 대장암으로 숨진 건축가 정기용의 유언 중에서

하루하루가 너무 힘들기만 합니다. 주어진 환경들도 감당하기 힘들고, 머리가 좋거나 뛰어난 재능이 있는 것도 아닙니다. 그렇다고 앞으로 하고 싶은 일이 뚜렷하게 있는 것도 아닙니다.

당장 오늘 하루, 숨 쉬는 공기에조차 감사하라고 하는데, 왜 굳이 그런 것들에 감사해야 하는지 모르겠습니다. 감사할 일이라고는 단 한 가지도 떠오르지 않는데 어떻게 해야 할까요?

감사의 첫 걸음은 '고정관념' 깨기

삶에 감사하는 것은 누구에게나 어렵다. 숨 쉬는 공기도 당연하고, 아침에 일어나는 것도 당연하고, 밥 먹고 일하고 잠자는 것도 당연한데, 대체 뭐에 감사할까?

이처럼 당연한 것을 당연하게 여기며 살아온 사고 패턴을 하루아침에 바꾸는 것은 결코 쉬울 리 없다. 그래도 괜찮다. '감사하라'고 해서 갑자기 감사의 감정이 생기지 않아도 상관없다. 자연스러운 것이다.

사실 감사의 첫 걸음은 오랫동안 가지고 있던 '고정관념'을 깨는 데 있다. 감사하는 삶이 어려운 것도 그래서다. 숨 쉬는 공기가 당연하다는 고정관념, 아침에 일어나는 게 당연하다는 고정관념, 밥 먹고 잠자는 것이 당연하다는 고정관념, 나는 재능도 없고 미래도 없다고 여기는 고정관념, 그 밖에 당연하다고 생각했던 모든 것들을 새로운 눈으로 바라봐야 하니 쉽지 않을 것이다.

물론 처음엔 잘 되지 않겠지만 개의치 말자. ==감사는 남을 위해서가 아니라 나를 위해서 연습하는 것이니, 비웃음이나 비판을 살 일도 없다. 그러니 잘 되지 않더라도 조금씩 틀을 깨본다는 가벼운 마음으로 시도해보자.==

세상에 당연한 건 아무 것도 없다. 자신에 대해 가지고 있던 고정관념이 사실은 틀린 것일 수 있음을 자각하는 순간 감사 습관은 이미 시작된 것과 마찬가지다.

| 생각해보기 |

언어부터 긍정적으로!

미국의 심리학자들이 70년 전에 쓴 글을 바탕으로 언어와 행복의 상관관계에 대해 연구를 하였다. 1930년대에 수녀원에 처음 들어가 수녀 생활을 시작한 젊은 여성들 180명이 썼던 간증문을 분석한 것이니 참고해 보자.

그 간증문은 수녀로서 첫 발을 내딛는 순간 자신의 삶과 앞으로의 소명과 각오에 대해 쓴 글이었다.

70년 후, 심리학자들은 그 간증문의 언어를 분석하였다. 문장 속에 긍정적인 어휘들(기쁜, 행복한 등)을 얼마나 자주 사용했는지를 분석한 후, 그 글을 쓴 수녀들이 어떤 노년을 보냈는지를 추적 연구하였다.

그 결과, 글 속에서 긍정적인 의미의 어휘를 많이 사용한 상위 25%의 수녀들 중 90% 이상은 85세까지 장수하고 건강한 삶을 살았다. 반면 긍정적인 의미의 어휘를 적게 사용한 하위 25%의 수녀들 중에는 오직 34%의 숫자만이 생존해 있었다.

이 연구는 긍정적인 언어 사용 습관이 인간의 사고방식뿐만 아니라 신체 건강과 수명에도 영향을 미칠 수 있음을 보여주는 동시에, 긍정적인 언어가 삶의 질을 높이는 데 막대한 영향을 미친다는 것을 증명한다. 긍정적인 언어 습관을 막는 가장 큰 장애물은 평소 감사할 것이 없다는 고정관념이다. 이런 생각의 틀을 깨고 작은 것에도 감사하고 기뻐하는 마음을 가진다면 긍정적인 언어 습관도 자연스럽게 자리 잡게 될 것이다.

2. 가진 것보다 가지지 못한 것이 더 많이 떠올라요

> 당신의 행복은 손 안에 얼마나 많은 것을 쥐었는가와는 아무 상관이 없다.
> 마음속에 감사가 없다면 당신은 파멸의 노를 젓고 있는 것이다.
> 다른 공부보다 먼저 감사의 방법을 배워라.
> 감사의 기술을 배울 때 당신은 비로소 행복해질 수 있다.
> - 제임스 깁슨

세상에는 할 수 있는 일보다는 할 수 없는 일이 더 많다는 것을 이미 어렸을 때 알았습니다. 성공할 사람은 정해져 있고, 재능을 타고난 사람도 처음부터 정해져 있는 것 같았습니다. 특별한 소수에 들지 못하는 대다수 사람들은 아무리 노력해도 자신이 원하는 부와 성공을 거머쥘 수 없기에, 성공과 행복이 남의 일처럼 느껴지기도 합니다.

부유한 부모와 집안, 든든한 배경 없이 무엇을 이룰 수 있을까요? 가진 것보다는 가지지 못한 것들만 떠오르는데 어떻게 감사의 마음을 가져야 할까요?

많이 가져서가 아니라 못 가졌어도 감사하다

힘들고 부당한 현실을 경험했거나 억울한 상황에서 감사하는 마음이 쉽게 생기지는 않을 것이다.

'왜 나는 남들보다 적게 가졌을까?
왜 저 사람은 아무 노력 없이 처음부터 다 가졌을까?
왜 나는 노력해도 되는 일이 없을까?
아무 것도 없는 내 삶에 감사할 것이 남아있기나 할까?'

이런 억울함, 상실감, 박탈감에는 분노라는 감정이 숨어 있다. 자신에게 분노하고, 현실에 분노하고, 자신이 처한 부당한 상황에 분노하는 것이다.

그러나 분노에 취하는 것은 적절한 해결책이 되기 어렵다. 분노는 이성적 판단에 방해가 되며, 할 수 있는 일도 하지 못하게 만든다.

펜실베니아 대학의 심리학 교수인 카렌 레이비치와 앤드류 샤테는 '분노의 ABC' 과정을 통하여 자신의 마음속에서 패턴화된 분노 감정의 흐름을 바라보라고 말한다.

ABC의 의미는 다음과 같다.

> A : 역경(Adversity)
> → 시련이나 역경 등 힘든 외부상황이 닥치는 것
>
> B : 믿음(Belief)
> → 고난과 역경을 어떻게 해석하고 받아들이는가 하는 것("미래가 없다", "현실이 부정적이다", "나라는 사람은 별로 존재 가치가 없다" 등)

> C : 결과(Consequence)
> → B로 인한 감정적 결과(분노, 불안감, 우울감)

여기서 중요한 것은 B에서 C로 가는 과정이다.

현실적인 역경과 시련을 개인의 힘으로는 도저히 피할 수 없다면, 그 역경을 어떻게 다루느냐가 문제의 핵심이라는 것이다. 즉 B에서 시련을 좀 더 객관적이고 현실적으로 바라보면, 결과인 C에서 분노에 머무르는 대신 그 에너지를 생산적이고 긍정적인 힘으로 변환시킬 수 있다. 물론 처음에는 이러한 분노나 억울함, 불안감이 쉽게 사라지지는 않을 것이다. 그러나 그때마다 자신을 객관적으로 직시함으로써 사고의 패턴 자체를 바꾸고 삶의 패턴도 바꿀 수 있어야 한다.

| 생각해보기 |

'스톡데일 패러독스'가 말해주는 것

미국의 해군 장교인 제임스 스톡데일은 베트남 전쟁에서 포로로 잡혀 8년 동안이나 포로 생활을 하다 기적적으로 생환한 인물이다.

그는 1965년부터 1973년까지의 포로생활 중 절반 이상은 폭 1미터도 안 되는 독방에 갇혀 20차례 이상의 고문을 견뎌야 했다. 미국으로 돌아간 후에는 전쟁 영웅으로 존경을 받았고 1979년에는 해군 중장으로 예편했다.

그러나 그와 함께 수감되었던 다른 미군 포로들은 견디지 못하고 죽고 말았다. 그는 동료들이 자신처럼 버티지 못했던 이유에 대해 '무조건적인 낙관주의는 오히려 독이 되었다.'는 유명한 말을 남겼다.

"그들은 상황을 직시하는 대신 무조건 석방될 것이라는 기대에 불필요하게 매달렸습니다. 크리스마스 전에는 나갈 수 있으리라고 믿었고, 부활절이 되기 전에는 석방될 거라고 믿었고, 추수감사절 이전에는 나가게 될 거라고 낙관했습니다.
그러나 다시 크리스마스가 돌아오고 상황이 반복되자 상실감 때문에 결국 희망을 포기하고 죽었습니다. 신념을 잃지 않고 버티는 것과 현실을 직시하고 받아들이는 것은 별개의 문제인 것입니다."

경영전문가 짐 콜린스는 〈좋은 기업을 넘어 위대한 기업으로〉라는 저서에서 위대한 기업으로 도약한 회사들의 공통점에 대하여 '스톡데일 패러독스' 라는 이름을 붙여 설명했다. 큰 시련이 닥쳤을 때 '다시 잘 되겠지.' 라고 지나치게 낙관만 한 회사보다는 현실을 정면으로 직시한 회사가 살아남았다는 것이다. 이는 상황을 긍정적으로 보는 말이 무작정 낙관적으로만 보라는 말이 아님을 알려준다. 오히려 현실을 객관적으로 보면서 그 속에서 자신이 할 수 있는 일들을 찾아내고 실천하는 것이 진정한 감사의 삶임을 말해준다.

즉 내가 가진 것이 많지 않다고 여겨질 때, 무조건 분노하고 화를 내기보다는 자신이 가진 것과 가지지 못한 것을 냉철하게 분석하고, 최소한의 가진 것을 활용해보고자 하는 마음가짐을 가지는 것이 중요하다. 분노를 극복하고 삶을 나은 방향으로 이끌려면 가진 것과 못 가진 것을 구분하되, 열악한 환경 속에서도 최선을 찾아내려는 의지가 필요한 것이다.

3. 제 자신이 형편없는 사람으로 느껴집니다

> 사람은 반드시 스스로 업신여긴 후에 남이 업신여긴다.
> 집안은 반드시 스스로 망가뜨린 후에 남이 망가뜨린다.
> - 맹자

항상 저 자신이 형편없는 사람으로 느껴집니다. 스스로를 인정하고 칭찬하며 가진 것에 감사하기에는 너무나도 부족하고 가진 것이 없는 사람인 것 같습니다. 뭔가를 잘해본 적도 없고 최선을 다해본 적도 없기 때문입니다. 무엇을 하든 실수도 많이 하고 남들만큼 잘하지도 못합니다. 요즘에도 늘 실수투성이라 일을 망칠 때가 많습니다. 가진 것이 없고 능력도 없다 보니 남들에게 뭔가를 제공하거나 베풀어본 기억도 많지 않습니다.

제 자신에게 감사하고 제 자신을 칭찬하기 전에, 좀 더 스스로를 비판하고 책망하며 채찍질하는 것이 옳지 않을까요?

세상에 '형편없는 존재'는 없다

한때 '자신에게 엄격해야 한다.'는 가르침이 유행하던 시절이 있었다. 스스로를 부정적으로 보는 것이 발전을 위해서는 더 효과적이라는 믿음이 그것이다. 그래서 학교에서, 교육학에서, 국가에서는 이런 식으로 가르쳤다.

'자신을 단련해라. 자신에게 엄격하게 굴어라. 스스로를 채찍질해라. 장점보다 단점을 보아라. 부족한 게 무엇인지를 직시해라….'

그런데 21세기에 접어들어 심리학이 발전하고 특히 뇌 과학 분야가 크게 발전하면서, 이러한 믿음은 인간의 본성과 거리가 먼 것임이 밝혀졌다.

스스로를 무조건 채찍질하는 것, 자신의 긍정적인 면보다 부정적인 면을 보는 것, 삶을 부정적으로 바라보는 것은 인간의 내적 성장에 좋은 영향보다는 나쁜 영향을 더 많이 끼친다. 이것은 기존의 수많은 두뇌 연구를 통해서도 밝혀진 사실이다.

긍정심리학이나 교육학에서는 한 사람의 긍정적인 부분을 일깨우고 찾아내는 것이 그 사람의 발전에 있어 매우 중요하다고 말한다.

물론 발전을 위해서는 의지를 굳게 하고 나태해지지 말아야 한다. 그렇다고 스스로를 무조건 '형편없다', '무능력하다', '이런 대접을 당해도 싸다' 라고 여기고 패배감에 젖어 있으라는 이야기는 아니다.

자신에 대해, 주어진 환경에 대해 부정적인 부분에만 집중하다 보면 우리의 두뇌는 그것을 사실인 것처럼 인지하게 된다. 이는 정상적인 호르몬 분비에도 악영향을 미치며, 미래에 대한 희망과 도전 의욕을 사라지게 만든다.

세상에 무의미한 존재는 없다. 원래부터 '형편없는' 인간은 단 한 명도 존재하지 않는다. 인간 존재는 그 무엇과도 바꿀 수 없는 소중한 것이다.

마찬가지로 이 세상에 단점만 있는 사람은 한 명도 없다. 단점이 많아 보인다는 것은 아직까지 장점을 발굴할 기회가 없었다는 뜻이며, 그럴 기회가 없었다는 것은 긍정적인 부분을 찾는 연습을 해보지 못했기 때문이다. 이제부터 그 연습을 해보면 된다.

자신을 축복하는 메시지들을 작성해보고, 어색하더라도 감사 일기를 써보자.

이 연습들이 하루하루 쌓여갈수록 자신도 모르는 사이에 두뇌가 활성화되고 정신에 여유가 생기며 마음이 성장할 것이다.

| 생각해보기 |

자기성찰이 왜 중요한가?

흔히 IQ가 높으면 똑똑해서 높은 성취를 이룰 것이라고 예상한다. 하지만 하워드 가드너의 다중지능이론은 이런 통념을 완전히 뒤집는다. 그의 이론에 따르면 인간의 지능은 IQ 하나로 결정되는 것이 아니라 언어 · 음악 · 논리수학 · 공간 · 신체운동 · 인간친화 · 자기이해 · 자연친화라는 독립된 8개의 지능으로 구성된다. 이중에서도 가장 중요한 것은 자기이해지능이다. 자기이해지능이란 자신의 생각과 느낌을 파악하고 통제하는 EQ 지능, 즉 감성 지능과 관계되어 있다. 뛰어난 업적을 이룬 각계의 인사들의 경우 특정 분야의 지능 이외에 자기이해지능이 뛰어나다는 공통점이 있다. 그 이유는 이 자기이해지능이 대인지능과도 깊은 연관이 있기 때문이다. 자신의 상태와 감정을 읽어내고 이해하며 통제하는 기능은 결과적으로 조직 안에서 조화를 구하고 타인을 이해하는 능력으로 이어진다. 타인과 나를 구분하고, 타인의 입장과 나의 입장을 헤아려 조정하는 능력이야말로 이 시대의 리더들이 갖춰야 할 중요한 덕망이며, 각계 유명인사들은 바로 이 부분에서 특출함을 발휘한 사람들인 셈이다.

4. 동료에게 감사하는 마음이 생기지 않습니다

> 감사는 주어진 환경보다
> 그 환경을 대하는 자신의 태도에 의해 좌우된다.
> - 짐 스티븐스

스스로에게 감사하고 축복히는 것은 어렵지 않을 것 같습니다. 그러나 다른 사람들, 특히 주변 동료들에 대해서는 아무리 생각해도 감사하거나 칭찬할 말이 떠오르지 않습니다.

늘 부당한 요구를 하는 상급자도 그렇고, 아무리 노력해도 좋아질 수 없을 것 같은 몇몇 동료들을 떠올리면 감사는 커녕 부정적인 말과 원망, 욕설만 떠오릅니다.

속으로 싫은 마음이 드는 사람들에게 칭찬이나 격려의 말을 건넬 수 있을까요?

나를 축복하면 그 축복이 타인에게도 향한다

감사에도 연습이 필요한 것처럼, 타인에 대한 칭찬과 격려도 연습이 필요하다. 억지로 쥐어짠다고 되는 것은 아니다. 우선 내 머릿속에서 일어나는 생각의 구조와 패턴이 바뀌어야 한다.

타인에게 호감을 갖기 어렵고 증오의 마음이 생기는 원인은 여러 가지가 있다.

상대방이 나에게 해를 끼치거나, 불쾌한 말을 하거나, 먼저 시비를 걸거나, 이유 없이 폭력적인 언행을 했다면 더더욱 좋은 감정을 갖는 것이 불가능하다.

그런 상황 때문에 힘들다면 그 사람을 생각하기 전에 나 자신을 먼저 바라보자. ==누군가가 나를 위협해도 '나는 너로 인해 상처받지 않는다' 라는 굳은 자존감을 가지고 있다면, 더는 그 상황이 위협으로 느껴지지 않을 것이다.==

나 자신을 한 번 더 격려하고, 한 번 더 칭찬하고, 한 번 더 축복하자. 그 무엇도 나의 자아를 무너뜨릴 수 없다는 것을 알아차리자.

==힘들고 당황스러운 사건이 벌어지더라도 얼마든지 헤쳐 나갈 수 있는 건강한 자아가 형성되면, 나를 힘들게 하는 타인에 대한 증오 대신 그 사람의 미성숙한 면, 도와줘야 할 면이 보이기 시작할 것이다.==

이러한 회로가 튼튼하게 만들어지고 나면 비로소 남들을 격려하고 주변 사람들에 대해 감사할 수 있는 마음의 여유가 생기기 시작한다.

나를 칭찬하는 연습이 충분히 이뤄졌을 때 그 마음이 타인에게도 향할 수 있다. 내가 변화되어야 주변사람들도 변화된다.

| 생각해보기 |

기러기 편대비행의 비밀

기러기를 비롯한 철새들은 계절이 바뀔 때 머나먼 대륙으로 이동한다. 태어나서 한 번도 가보지 않은 곳인데도 놀라운 본능과 감각에 의존해 가야 할 곳을 정확히 알고 고된 비행을 한다.

이때 새들은 V자 대형으로 편대 비행을 하는 경우가 많다.

조류학자들의 연구에 의하면 새들이 V자 형태로 대열을 형성하는 이유는 각자의 날갯짓에서 나오는 바람을 통한 융기현상을 이용해 서로에게 힘을 줄 수 있는 가장 이상적인 대열이기 때문이라고 한다.

이러한 비행 대열을 유지하면 혼자 비행할 때마다 70퍼센트나 많은 도움을 받게 된다. 그만큼 힘을 절약하며 비행할 수 있다는 뜻이다.

특히 V자의 꼭짓점 부분, 즉 선두에서 날아가던 기러기는 피곤해지면 바로 뒤쪽에 있던 기러기와 자리를 바꾸는 탁월한 전략을 취한다. 또한 후미에서 나는 기러기들은 수시로 울음소리를 내어 앞쪽의 동료들을 북돋아준다는 것이다.

새들의 이러한 편대비행은 역사적으로 인간의 비행 항법이나 공군 전략에도 많은 힌트를 주었으며, 무엇보다도 집단에서의 협동 전략이 얼마나 큰 효과를 발휘하는지에 대해 시사점을 던져주고 있다.

5. 원망, 분노에 휘둘려 감사할 여유가 없습니다

> 고통의 순간과 맞닥뜨릴 때마다 이렇게 생각하라.
> '삶이 지금 나에게 선물을 주고 있어.
> 나에 대해, 그리고 내가 정말 알고 싶어 하는
> 무엇인가에 대해 가르쳐주고 있는 거야.' 라고.
> - 샥티 거웨인

환경에 감사하고 주변 사람들에게 감사하라는 이야기를 들으면 화가 납니다. 학교에서 부모님으로부터도 칭찬을 받은 적도 별로 없고, 어린 시절을 떠올려도 행복한 기억이 별로 없습니다. 남들의 인정을 크게 받은 적도 없고, 잘하려 할 때마다 오히려 남들로부터 오해를 사거나 비난을 받곤 했습니다.

내 마음을 정말로 알아주는 사람은 세상에 단 한 사람도 없을 거라는 생각이 듭니다. 그리고 '어차피 나라는 놈은 되는 일이 없다'는 생각만 듭니다. 감사는커녕 제 삶과 제게 주어진 것들에 대해 화가 나고 원망하는 마음만 떠오르는데 어떻게 감사를 할 수 있을까요?

나 자신을 사랑하는 일이 익숙하지 않을 뿐

사람은 누구나 인정과 칭찬을 필요로 한다. 인정받지 못하고 이해받지 못하는 것만큼 사람을 고통스럽게 하는 것도 없다.

부모나 교사, 친구, 동료, 사회생활에서 만난 사람들에게 내 노력을 인정받지 못하고 오히려 오해만 받는 경험이 쌓여왔다면, 단언컨대 그 삶은 매우 힘들었을 것이다.

아무리 노력해도 좋은 결과로 이어지지 못하고 한계에만 직면하는 경험을 해왔다면 화가 나고 원망스러운 감정이 들 수 있다. 누군가가 나를 이유 없이 미워한 기억을 가지고 있다면 감사가 아닌 분노의 감정이 생기는 게 당연하다.

하지만 감사보다 원망, 분노가 먼저 떠오른다는 것은 그동안 스스로에게 원망하고 분노할 기회만 주고 감사할 기회는 주지 않았기 때문일지도 모른다.

분노나 원망의 감정은 사실은 알고 보면 '나도 인정받고 싶다.' '나도 사랑받고 싶다.' '나도 행복하게 살고 싶다.' 는 강렬한 바람이다. 그런 욕구가 살아있다는 것만으로도 그 사람은 인정받을 만한 사람이며, 행복할 권리가 있는 사람이다.

감사는 내가 먼저 나 자신을 인정하고 칭찬하는 연습을 하는 것이다. 나를 있는 그대로 인정하고 다독이기 시작할 때 감사의 감정은 자연스럽게 뒤따라올 것이다.

내가 나에게 이렇게 말해보자.

'열심히 했다. 장하다. 노력했다. 애썼다. 잘 견뎠다. 잘하고 있다. 그 정도면 괜찮다. 성장하고 있다. 앞으로 더 성장할 것이다. 용감하다. 멋진

놈이다….'

나를 용서하고 인정하는 생각이야말로 감사의 본질이다. 남에 대한 원망, 세상에 대한 분노는 결국은 나 자신을 향하게 된다. 나를 탓하지 않고 감사하는 연습, 자책하거나 원망하지 않는 연습을 시작해보자.

| 생각해보기 |

성공에 대한 '로사다 비율' 이란?

미국 노스캐롤라이나 대학의 마셜 로사다 교수는 미국의 기업체 60개에서 수집한 각 회사의 회의록에 쓰인 언어를 분석하는 작업을 수행하였다.

회의록에 사용된 문장과 어휘를 정밀하게 분석하여, 주로 어떤 단어가 많이 쓰였으며, 그것이 그 회사의 업적이나 성장과는 어떤 연관이 있었는지를 연구하였다.

조사 결과 회의록에 쓰인 어휘 비율 중 '긍정적인 어휘 : 부정적인 어휘 = 2.9 : 1' 이상인 회사들은 지속적으로 성장세를 보였다.

반면 이 비율 이하인 기업, 그리고 부정적인 어휘를 더 많이 쓰는 기업들은 더 이상 성장하지 않거나 퇴보하는 것을 볼 수 있었다.

이 연구로 인해 만들어진 것이 '로사다 비율' 로서 '2.9 : 1' 의 법칙이라고도 불린다. 즉 긍정적인 어휘가 부정적인 어휘보다 2.9배 이상 더 많이 사용될 때 기업과 사람의 발전 가능성이 높다는 뜻이다.

많은 심리학자들은 능력이 비슷할 때 기왕이면 긍정적이고 낙관적인 성향을 가진 사람이 부정적이고 비관적인 성향을 가진 사람보다 성공 가능성이 높다고 말한다. 성공해서 긍정적인 것이 아니라 긍정적이기에 성공하는 것이라 할 수 있다.

6. 불행한 과거의 기억 때문에 힘듭니다

> 넘어져본 적이 없는 사람은
> 더 큰 위험을 감수한 적이 없는 사람일 뿐이다.
> 지금 이 순간은 당신의 것이다. 당신의 것으로 만들어라.
> - 오프라 윈프리

저는 학창 시절 '왕따'를 당한 적이 있었습니다. 그때의 고통스러운 기억이 어른이 된 지금까지도 저를 괴롭히곤 합니다.

맞벌이를 하느라 자녀에게 관심을 많이 쏟지 못하는 부모님 밑에서 자라 여느 가정 같은 화목함과 따뜻함을 경험하지 못했습니다. 술을 자주 마시는 아버지에게 많이 맞기도 했습니다.

그래서인지 성인이 된 후에도 쉽사리 남들에게 마음을 열기 힘들고, 친구나 동료와 스스럼없이 지내기도 어렵습니다. 여자친구를 사귀는 것도 제게는 불가능한 일처럼 여겨집니다.

과거의 불행하고 힘들었던 기억들로 인해 과연 군생활과 사회생활을 잘 해낼 수 있을지 자신이 없습니다.

불행한 경험들에 여전히 시달리는데 감사의 삶을 살 수 있을까요?

불행을 경험했기에 더더욱 행복할 권리가 있다

안 좋은 경험들과 마음의 상처에도 불구하고 지금까지 살아남아 삶을 책임지고 있다는 것, 앞으로 나아가려는 의지를 갖고 있다는 것만으로도 충분히 격려 받아 마땅하다. 이 점을 스스로에게 칭찬하고 다독여 주자. 그 어떤 불행도, 그 누구의 부당한 대우도 자신을 마지막까지 무너뜨리지는 못했다는 사실을 있는 그대로 바라보는 것이다.

불행한 과거에 머무를 것인가, 아니면 과거와는 다른 미래를 선택할 것인가? 그에 대한 대답이 무엇인지 사실은 자기 자신이 더 잘 알고 있을 것이다.

과거의 불행한 사건들을 다시 겪지 않겠다고 생각하는 것만으로도 스스로를 치유하고 행복한 삶을 향해 전진할 힘을 가지고 있는 셈이다. 아직까지 스스로 그 힘을 자각하지 못했을 뿐이다.

상처는 완전히 없어지지는 않지만 언젠가는 희미해진다. 그리고 자신에게 자가치유력이 있고, 스스로를 치유시킬 건강한 정신과 육체가 있다는 사실에 감사하자. 감사의 삶은 그렇게 시작된다.

| 생각해보기 |

두려워할 것은 두려움 그 자체

프랭클린 루스벨트 대통령은 미국의 제 32대 대통령이자 미국 역사상 유일하게 4선에 성공한 대통령이다. 그는 경제적으로 큰 혼란에 빠졌던 미국의 대공황을 극복하기 위해 '뉴딜(New Deal)' 정책을 강력하게 추진하였고, 미국의 경제를 지키고 미국 국민을 화합과 통합으로 이끈 대통령으로 평가받았다. 하버드 대학을 나와 변호사로 일하며 승승장구하던 그가 갑자기 두 다리가 불구가 되는 척수성 소아마비에 걸린 것은 1921년, 그의 나이 39세 때였다. 많지 않은 나이에 두 다리를 쓸 수 없게 되는 치명적인 병에 걸린다는 것은 야망이 큰 한 남자에게 있어 절망적인 시련이었다. 만약 이때 절망감에 빠져 주저앉았더라면 그는 두 다리를 못 쓰는 것뿐만 아니라 미국 역사에 관여할 일도 없이 삶에 대한 의지를 잃은 장애인으로 살아야 했을지도 모른다. 그러나 이 시기 그는 독서에 몰두하면서 독학으로 연설을 연습하기 시작했고, 재활치료에도 적극적으로 임했다. 그렇게 피나는 노력 끝에 3년 후에 체력을 회복한 그는 1924년 정계에 복귀하였다.

이후 1928년 뉴욕 주지사, 1932년 민주당 대통령 후보로 지명되었는데, 대통령 후보 지명 수락 연설에서 제창한 것이 바로 뉴딜 정책이다. 그의 정책과 호소력 있는 연설은 미국 국민의 마음을 움직였고, 그는 결국 대통령에 당선되었다. 소아마비를 극복하고 미국의 경제를 살린 그는 다음과 같은 말을 하였다.

"우리가 두려워할 것은 두려움 그 자체다." 그에 대한 후대의 역사적 평가는 호불호가 갈리지만, 미국인들에게는 대공황 시기에 가장 큰 희망을 준 리더이자 역사상 가장 평등한 시대를 만든 지도자로 기억되고 있다.

7. 늘 야단만 맞아 주눅이 들 때 어떻게 해야 하나요?

> 중요한 슛을 놓쳐서 안 좋은 결과가 나왔을 때
> 나는 그것에 대해 되돌아보지 않는다.
> 부정적인 결과를 생각하기만 한다면
> 앞으로도 늘 부정적인 결과에 대해서만 생각하게 될 것이다.
> - 마이클 조던

새로운 일을 배우는 속도가 빠른 편이 아닙니다. 공부도, 업무도, 배우고 익히는 데 시간이 오래 걸리고, 실수도 많이 합니다. 예전에는 선생님이나 부모님에게 야단맞기 일쑤였는데, 이것이 사회와 군에서도 그대로 이어지는 것 같습니다. 일이 익숙하지 않아 요령도 잘 모르겠고, 그래서 상급자로부터 주의를 받기도 합니다.

이렇게 실수와 주의가 반복되다 보니 마음이 위축되고 자신이 없어집니다. 이런 제 자신을 위로하는 일이 어렵게 느껴지는데 어떻게 해야 할까요?

위축될 때일수록 감사를 시작할 때다

모든 일이 잘 풀리고, 새로 하는 일마다 능수능란하고, 늘 인정과 칭찬만 받는 사람이라면, 자신에 대해 자부심을 가지기가 쉬울 것이다. 그런 사람은 무엇을 해도 긍정적인 태도로 임할 수 있다. 하지만 우리 대부분은 이런 완벽한 사람들과 거리가 멀다. 하는 일마다 실수하거나, 열심히 노력했는데도 원하는 만큼 성과를 내지 못할 때가 많다.

하지만 이것은 또 하나의 기회다. 늘 성공하고 인정받는 경험에 익숙한 사람은 결정적인 시련이 닥쳤을 때 그 시련을 극복할 마음의 근력이 약한 경우가 많다.

반면 다양한 어려움을 경험하고 그 속에서도 감사와 축복을 연습해온 사람들은 이런 시간을 자기 나름의 방식으로 극복한다. 하는 일이 잘 안 풀릴 때, 일이 생각대로 되지 않을 때, 실수했을 때, 그로 인해 어른이나 상급자에게 야단맞을 때, 이때야말로 자신을 돌아볼 기회라고 생각하자. 마음이 움츠러들고 좌절할 때야말로 나 스스로를 격려할 때다.

움츠러든 자신에게 다음과 같은 이야기를 건네 보자.

'실수를 했지만 그래도 다시 잘해보려고 시도하는 나는 장한 사람이다.'

'꾸중과 비난을 받았지만 이 상황에서 도망치지 않고 내 자리를 지킨 나는 책임감이 있는 사람이다.'

이러한 메시지를 통해 한결같은 꾸준함을 유지한다면 자신도 모르게 능력은 조금씩 향상되고 주변의 평가도 변하기 시작할 것이다.

| 생각해보기 |

자신의 능력을 인식하고 존중하는 '자기효능감'

'자기효능감' 이란 '주어진 문제를 자신의 능력으로 성공적으로 해결할 수 있다는 신념' 을 뜻한다.

심리학자 앨버트 반두라가 이야기한 이 자기효능 이론은 특정한 상황에서 성공적으로 문제를 해결할 수 있는 자신의 능력에 대해 믿음을 가지는 것을 뜻하며, 목표, 과제, 도전에 어떻게 접근하는지에 있어서 매우 중요한 역할을 한다.

앨버트 반두라에 의하면 인간이 목표를 달성하고 동기부여를 하는 데 있어 자기효능감은 무엇보다도 중요하다고 한다.

자기효능감이 높은 사람은 어려운 과제가 주어져도 그 일을 수행함에 있어 불가능성보다 가능성을 보며 어려움을 위협 도전의 대상으로 본다.

설령 실패를 하더라도 패배감에 빠지는 대신 재빨리 회복하며 스스로를 비하하지 않는다. 그리고 새로운 방법과 정보를 동원해 몇 번이고 다시 도전한다.

이러한 자기효능감은 누구나 태어날 때부터 저절로 갖게 되는 것도 아니고, 낙천적인 성격을 가진 사람들만 자동적으로 갖게 되는 것도 아니라고 한다. 오로지 노력과 의지를 통해서만 얻을 수 있다는 것이다.

8. 우울감이 심해서 살아가야 할 이유를 모르겠습니다

> 인생은 자신에게 일어나는 일 10%와
> 그 일에 대한 자신의 반응 90%에 의해 결정된다.
> - 척 스윈돌 목사

군대에 들어오기 전에도 종종 우울할 때면 감정을 주체할 수 없었던 적이 많았습니다. 다른 사람들은 모두 행복해 보이는데 나만 힘들다는 생각이 들 때면 세상에 혼자 떨어져 있는 듯 고립감이 느껴졌습니다.

입대 이후에도 이런 상태가 계속되면서 항상 위축되고 누구와도 어울리지 못합니다. 그러다 보니 늘 동떨어져 혼자라는 생각이 듭니다. 뚜렷한 삶의 의미도 찾을 수 없고, 이렇게 살아서 무슨 즐거움이 있을까, 가끔씩 죽음을 생각하기도 합니다. 이런 나 자신이 무섭기도 합니다. 이런 감정에서 벗어날 수 있는 방법은 없을까요.

고립감에서 벗어나기

대한민국이 자살률 부동의 1위를 차지한 지도 제법 오랜 시간이 지났다. 특히 젊은 층의 자살률이 점차 증가 추세에 있는데, 이처럼 안으로 곪고 있는 문제들을 진지하게 들여다보려는 사회적 시도는 거의 없는 것이 사실이다. 오히려 이런 문제들을 수면 위로 끌어올려 모두가 함께 논의하는 편이 바람직할 것이다.

인간에게 죽음은 피할 수 없는 운명이다. 누구나 한 번 태어나 한 번 죽는 것에서는 모두가 동등하다. 중요한 것은 살아 있을 때 얼마나 그 삶을 깊이 있고 풍부하게 누리며 살아가는가이다. 그런 면에서 한창 젊은 시절에 죽음을 생각하는 것은 너무도 안타깝고 슬픈 일일 것이다.

자살을 꿈꾸는 이들의 가장 큰 특징 중의 하나는 고립감이다. 힘든 순간을 누구와 나눌 수 없고, 행여 나눈다 하더라도 해소되지 않으므로 그럴 바에야 당장의 고통에서 벗어나고 싶다는 생각이 들 수 있다.

이런 마음을 해소하기 위해서는 무엇보다도 목표를 찾아가야 한다. 거창하지 않은 작은 목표라도 좋다. 먼 미래를 내다보지 않아도 좋다. 지금 당장 할 수 있는 작은 일들을 시도해봐야 한다. 무엇보다도 세상에는 나보다 힘겨운 사람들이 있고, 놀랍게도 내가 그들에게도 도움이 될 수 있다는 점을 알아야 한다.

쉽게는 군에서 시행하는 봉사활동이라도 나가보자. 얼마나 많은 이들이 힘겨운 상황 속에서도 자존감을 지키며 꿋꿋이 인간으로서의 존엄을 지키며 살아가는지를 알게 되는 것만으로도 내 문제가 가벼워지고 고통이 줄어들 수 있다.

| 생각해보기 |

행복해지기를 포기하지 말자

● **나를 위한 화두 던지기!**

- 나는 지금 이 순간 행복한가?

- 나의 오늘 하루는 행복한가?

- 내 주변의 사람들과 함께하는 일과 활동이 행복한가?

- 내 삶은 행복한가?

- 1년 후, 5년 후, 10년 후 후회하지 않을 오늘을 살고 있는가?

● **행복해지기 위해 요구되는 것들**

- 나에게 행복해지는 프로그램이 있다면 배워야 한다.

- 지금 나에게 필요한 일이 무엇인지 배워야 한다.

- 매일 조금씩 노력해야 한다.

- 앞으로 살아가는 동안 목표에 헌신해야 한다.

● <u>**스스로 행복을 포기해서는 안 된다**</u>

혹시 자신도 모르는 사이에 행복하기를 포기한 채 살아가고 있는 것은 아닌지?

모든 권리가 그렇듯 행복할 권리 역시 스스로 지키고 보호해야 하는 것이다.

"나에게도 행복할 권리가 있다!"

이렇게 말하며 나에게 주어진 행복에 대해 더욱 확신을 가져야 한다.

2장

상처 받은 마음에 확실한 인생 어드바이스

> 이 세상의 위대한 성공에는 0.3초의 기적이 있다.
> '감사합니다' 라는 말 한 마디를 하는 데 걸리는 시간이다.
> - 데보라 노빌

잠깐만! 요약해서 먼저 들여다보기

앞서 감사를 어려워하는 이들이 가슴에 품은 질문을 살펴보았다.
대부분 한번쯤은 떠올렸던 질문일 것이다.
군 생활을 하는 장병들 또한 일반 사회인들과 마찬가지로
이처럼 마음 속에 다양한 질문들을 품고 있다.
게다가 여러모로 제약이 많은 군 생활 속에서 더 큰 어려움을
느끼며 생활하고 있다.
그렇다면 군 생활은 힘겹고 어려운 것이기만 할까? 내 인생의 발전에
도움이 되는 행복하고 발전적인 시간으로 만드는 것은 불가능한 일일까?
현재를 돌아보고 지금의 내가 어디로 가고 있는지,
주인공으로서 오늘을 살고 있는지 생각해볼 기회는 없을까?
나는 세상에 홀로인 존재가 아니라 다른 사람들과 연결되어 있음을
깨달을 수는 없을까?
이 질문의 해답을 찾는 첫걸음에 들어서려면, 우리의 상처가 어떻게
생겨나며, 군 생활 속에서 해결하는 방법은 무엇인지부터 알아야 한다.

1. 지금 행복하냐고?

> 사람이 얼마나 행복한가는
> 그의 감사함의 깊이에 달려 있다.
> -존 밀러

가끔은 자신에게 질문을 던져보자.

> "나는 지금 행복하게 군에서 복무하고 있나?"
> "나의 행복 지수는 얼마인가?"
> "지금 이 순간, 나는 혹시 불행하지는 않은가?"
> "나와 우리 부대는 행복한가?"

군에서 오래 복무한 이들에게 젊은 장병들은 아들이나 다름없다. 때문에 필자는 부하들에게, 후배들에게, 그리고 병영문화 개선을 위한 행복 강좌의 문을 열 때 종종 위와 같은 질문들을 건네곤 한다.

왜 하필이면 '행복'일까? 명령, 충성, 복종이 아닌 '행복'을 화두로 던진 이유는 무얼까?

그건 바로 '나 자신의 행복'이야말로 충실하고 충만한 군 생활의 근원이기 때문이다.

흔히 군대라고 하면 명령을 수행하고 의무를 다하면 그만인 곳이라고 말한다. 상명하복의 군대문화에서 굳이 '행복'을 찾으라면 누군가는 고개를 갸웃할지도 모른다.

하지만 30년 넘게 군에 몸담아오면서 지금 우리에게 필요한 건 '행복하게 군복무'를 할 수 있는 의지와 변화할 수 있다는 믿음이라는 점을 깨달았다.

지금의 내 모습은 어떨까?

사실 위의 질문들을 뒤집어보면 결국 '나 자신은 어떤 모습으로 살아가고 있는가'라는 질문들과 연관된다.

예를 들면 다음과 같은 질문들이다.

> "나의 군 생활의 만족도는 어느 정도인가?"
> "나는 부대원(상·하급자, 동료)으로부터 존중받고 있는가?"
> "군에서 나의 존재감은 어느 수준인가?"

그리고 이 모든 질문들은 어쩌면 다음 질문을 위한 준비인지도 모른다.

<u>"혹시 지금 내가 상처받고 있지는 않은가?"</u>

이처럼 내가 상처받고 있지는 않은지를 주의 깊게 살피는 일은 매우 중

요하다. 아무리 좋은 음식도 소화불량 상태에서는 흡수되지 않는 것처럼, 상처투성이의 마음으로는 새로운 것을 배우거나 받아들일 수 없기 때문이다.

또한 이건 군 장병들에게만 해당되는 문제가 아니라 오늘을 살아가는 모든 상처받은 젊은이들, 나아가 우리나라의 모든 이들에게 절실한 물음이 아닐까 생각된다.

여기서 우리는 누구나 존엄성을 가진 존재이며, 행복을 추구할 권리를 가지고 있다는 점을 되새겨봐야 한다. 즉 인생이란 자신의 삶을 가꿈으로써 자신뿐만 아니라 이 세상을 더 살기 좋은 곳으로 만들어나가는 꾸준한 과정이다.

그런 의미에서 자신에게 '지금 어떻게 살고 있는가?', '지금 나는 정말로 행복한가?'라고 끊임없이 물어봐야 한다.

| 생각해보기 |

● 군대는 최고의 대안학교다

군대 생활은 총 21개월이고 그중에 자대 생활이 17~18개월이다. 약 1년 반에서 2년 가까운 시간을 보내는 셈이다. 그렇다면 이 군대생활은 시간 낭비고 어쩔 수 없이 붙잡혀 있는 포로 생활일 수밖에 없을까?

생각을 바꾸면 군대 생활은 잃는 시간이 아니라 엄청나게 벌어가는 시간이 될 수 있다. 군대 생활은 사회나 학교, 가정에서 결코 배울 수 없는 것들을 배운다. 즉 군대 훈련은 곧 인생 훈련의 연장선상인 것이다.

인생은 높거나 낮은 파도 위에서 윈드 서핑을 하는 것과 비슷하다. 어떨 때는 평소보다 두 배, 세 배 높은 파도가 불어 닥칠 때가 있다. 윈드서핑이 단순한 항해와 다른 것은 파도가 거칠고 높을수록 그만큼 스릴과 성취감도 높아진다는 점이다.

즉 파도를 어떤 시각으로 바라보느냐에 따라 같은 파도 위에서도 상황이 완전히 달라지는 셈이다. 정신을 집중하고 도전 정신과 능동적으로 그 파도에 대처하면 오히려 밋밋한 파도 위에서보다 멋진 윈드 서핑을 즐길 수 있다. 그런 면에서 군대 생활이라는 파도 역시 어떤 시각으로 바라보느냐에 따라 위기의 순간이 될 수 있고, 반대로 도약의 기회도 될 수 있다.

2. 진짜 스펙은 인성이다

　사람에게는 누구나 아픈 기억이 있다. 주변에서 종종 들려오는 비극적인 사건과 사고에 대한 소식들, 군에서 발생한 안타까운 사고들, 요즘 들어 자주 벌어지고 있는 가슴 아픈 뉴스들과 그러한 일들이 벌어지기까지의 복잡한 현실 상황들에 가슴이 답답해지곤 한다. 도대체 어디서부터 잘못된 것일까? 어떻게 해야 가슴 아픈 일들을 미리 방지할 수 있을까? 해결책은 정녕 없는 것일까?

인성은 인생의 씨앗이다

　자녀를 가진 모든 부모님들을 불안하게 만든 군대에서의 사고들, 어린이와 청소년들의 마음이 행복하지 않다는 통계들, OECD 국가들 중 최저 행복지수, 최고 수준의 자살률 같은 수치들을 따로따로 떼어놓고 생각할 수 없는 것들이다. 말 그대로 우리 사회 전체가 몸살을 앓고 있는 것 같다.

　아이들, 어른들 할 것 없이 아픈 사회, 청소년들과 젊은이들까지 상처받는 사회. 이 모든 상황의 근원은 이 사회가 만든 건강하지 못한 '인성과 가치관'일 것이다. 좋은 인성은 건강한 인생을 위한 가장 중요한 씨앗임에도 요즘은 그 중요성이 가벼이 여겨지고 언제부터인가 아이들을 입시 전쟁과 '스펙' 전쟁으로 내몰며 정작 인생에서 가장 중요한 인성교육을 소홀히 한 것이다. 행복을 못 느끼는 청년들, 불행에 쉽사리 무릎이 꺾이는 어른들을 키워낸 것도 결국 우리 사회다.

이런 사태를 해결할 방법은 하나다. 현실을 직시하고 변화시켜야 한다. 행복한 군대도 결국은 사회로부터 나온다. 즉 사회 전체의 책임을 자각하고 개선해야만 행복한 청년, 행복한 사회, 나아가 행복한 사회의 군대도 가능해진다는 의미다.

| 생각해보기 |

● 열등감, 어떻게 극복할까?

외모나 키, 집안, 지능 등은 내가 선택한 것이 아니라 타고난 것이다. 조사에 의하면 우리가 가진 열등감의 60%는 이런 선천적 조건 때문에 생긴다.

외모 열등감

: 주로 다른 사람의 평가에 의해 생긴다. 즉 '내가 못생겼다' 생각하는 것은 '내가 생각하기에 다른 사람들이 나를 보고 못생겼다고 생각할 것'이라는 추정에서 나온다. 이제부터 당신을 비난하거나 비교하는 말에 휘둘리지 말자. 누구나 웃는 표정이나 말투, 심지어 몸짓이라도 예쁘고 아름다운 모습이 있게 마련이다. 자신의 예쁜 모습을 발견하고 찾아야 한다.

집안 열등감

: 무식하고 가난한 아버지, 불행한 집안에 대한 열등감을 극복하려면 불행했던 과거가 오히려 현재의 자신이 되기까지 긍정적인 요소로 작용했음을 기억해야 한다. 가난한 아버지도, 형제들도 결국 오늘의 '나' 라는 작품을 만들기 위해 필요했던 재료들인 것이다.

벗겨진 이마나 작은 키에 대한 열등감

: 남자들의 치명적인 열등감이라고 여겨지지만, 이도 결국은 남들과 비교해서 생긴 것이며, 특히 벗겨진 이마는 그 이마 자체가 아니라 그것을 부끄럽게 여기는 관점이 문제다. 용기가 나지 않는다면 가까운 가족에게 먼저 내보인 뒤 격려와 지지를 받아보자.

열등감은 인간이라면 거의 모두가 가지고 있는 감정이다. 중요한 것은 이 감정을 어떻게 관리하는가이다. 일부 선진국들은 다양한 인성교육을 통해 어린 시절부터 있는 그대로의 자신을 사랑하고 아낄 수 있도록 교육한다.
피부색 등 외모로 차별 받지 않고, 경제력으로 차별 받지 않으며, 자신이 가진 특별한 재능을 키워감으로써 자존감을 높이도록 한다. 이런 아이들이 성장하면 건강한 시민이 되고, 그것은 곧 범죄나 자살 등 극단적인 상황을 봉쇄함으로써 사회적 비용의 감소로 이어진다.
열등감은 한 사람의 인생을 좌지우지하는 무서운 감정이 될 수도 있는 만큼, 열등감 자체가 사실은 남들의 시선을 지나치게 의식하는 불합리한 망상에서 온다는 점을 인지하고, 항상 내 마음을 돌보고 다독일 줄 알아야 한다.

3. 나는 어디로 가고 있나?

남에게 해를 끼치도록 태어난 사람은 없다. 누구에게나 있었던 천진난만하던 아기 시절을 상상해보자. 엄마만 봐도 방긋 웃음 짓고 한 걸음 발을 내딛는 것만으로도 주변 사람들을 기쁘게 만들지 않았는가? 인간이라면 누구에게나 이런 천사 같은 시절이 있었다.

그런데 이후의 인생에서는 마냥 행복하고 좋은 일만 일어나지는 않는다. 누군가에 상처 주고, 또 누군가로부터 상처를 받게 된다. 물론 건강한 사람이라면 그 상처를 소화하고 이겨내지만, 상처가 너무 깊어지거나 잦아지면 마음이 다치고 병들기 시작한다.

그런 사람들은 흔히 주변과 불화하고 문제를 일으키는 경우가 많아 '정신장애'나 '부적응자'라고 불리지만, 그건 결국 마음과 정신이 상처 투성이라는 의미다.

우리 사회가 안고 있는 문제들이 치유되지 못한 채 서로 상처를 주고받고, 그 상처가 곪아가는 셈이다. 사회에서, 군에서, 학교에서 일어나는 수많은 불행한 일들도 이 상처의 고리를 끊지 못한 것에서 연유한다.

상처의 대물림을 끊어야 한다

상처는 하루아침에 곪는 것이 아니며, 불행한 일들도 어느 날 갑자기 생겨나지 않는다. 군대에서의 불행도 마찬가지다.

'멀쩡했던 청년'이 군에 입대하자마자 마치 하늘에서 떨어지듯이 '관심병사'가 되는 건 아니다. 누구도 그에게 어른으로서, 친구로서, 가족으로서 애정과 관심을 보여주지 않았고, 내밀하게 품고 있었을 상처를 치유해주지 않았던 것뿐이다.

근본적인 문제의 원인은 바로 여기에 있다. 주변의 관심과 독려를 통해 상처의 고리를 반드시 끊어야만 사태를 방지하는 첫 단추를 채울 수 있다. 나아가 부모 세대의 그릇된 양육방식이 자녀 세대에 어떤 상처를 남겼는지도 봐야 한다. 그런 양육 방식으로 자란 아이들이 또 다시 자신의 상처를 다음 세대에게 대물림하는 악순환이 어떤 방식으로 계속되는지도 살펴야 한다.

처음부터 '올바른 어른, 친구, 동료 역할'을 잘하는 사람은 아무도 없다. 하지만 올바른 친구이자 동료이자 어른이 되는 길이 무엇인지 배우고 익힐 수는 있다. 과거의 그릇됨을 자각하고 더 나은 방향으로 개선시키고 다른 사람들이 똑같은 상처를 받지 않도록 하는 것. 그것이 지금 우리 모두의 의무일 것이다.

| 생각해보기 |

● 상처의 악순환 고리란?

→ 1세대(부모 세대) : 그릇된 양육방식

→ 2세대(자녀 세대) : 마음의 상처+그릇된 양육방식 반복

→ 3세대(자녀의 자녀 세대) : 같은 상처 형성, 반복 및 증폭

상처가 치유되지 않고 방치될 경우, 자연스레 대물림되어 자녀 세대에게도 영향을 미치거나 더 심해지기도 한다. 부모로부터 일정 정도의 폭력을 감내했던 자녀가 성장하여 자기 자식에게 더 큰 폭력과 학대를 행사하는 경우가 그러하다.

낮은 자존감 또한 마찬가지다. 자존감이 낮은 부모는 자존감이 낮은 자녀를 키워낸다. 스스로의 상처를 치유하고 스스로의 존엄을 되찾아야 하는 커다란 이유가 바로 여기에 있다.

4. 내 인생의 주인공은 나

> "인간은 동물적 욕망 성취만으로 만족하기를
> 거부하는 유일한 동물이다."
>
> - 알렉산더 그레이엄 벨

군대에서 불행한 사건들을 접하면 이런 생각이 들곤 한다. 누군가 한 사람만 손을 잡아주었다면, 누군가 한 번만 그의 어깨를 두드려주었다면, 누군가 단 한 번만 안아주었다면, 그 '단 한 번'이 모든 것을 바꿀 수 있었을 텐데.

사람은 한두 사람만 그를 손잡아 이끌어주거나 치유의 장을 마련해줘도 얼마든지 상처를 치유하고 정상적인 삶을 살 수 있다. 흔히 불행한 과거를 가진 사람은 그 상처를 자신의 삶에서 계속 되풀이할 가능성이 높다고 말하지만, 학자들의 많은 연구 결과들은 그럼에도 의지와 노력, 따뜻한 도움으로 얼마든지 그 상처를 털어내고 원만한 인생을 살 수 있음을 보여준다.

==발효음식인 김치나 된장, 식혜를 보자. 이 음식들은 재료들을 조화롭게 활용해 '썩지' 않고 '삭힌' 음식이다. 사람의 상처도 마찬가지다. 어떻게 처리하느냐에 따라 썩을 수도 있고, 오히려 좋은 결과를 가져오는 삶의==

==원동력이 될 수 있다.== 부정적인 영향이나 상처가 삶의 강력한 동력이 되는 경우도 적잖기 때문이다.

나의 가치 재발견하기

마음의 상처는 감추고 덮어둘수록 곪기 마련이다. 반면 그 상처를 인정하고 밖으로 드러낼 용기가 있다면, 그때부터 치료가 가능해진다. 불우하고 결핍된 환경에서도 오히려 그 결핍을 에너지로 바꾼 수많은 위인들처럼, 어두운 기억과 경험이 있더라도 얼마든지 미래의 인생에서 주인공이 될 수 있다. 상처 역시 내 모습의 일부임을 받아들이면, 그것이 오히려 삶의 힘으로 변화하는 것이다.

내 삶에 용기를 가지고 자신의 존재 가치를 재발견 해보는 일, 자신의 열등감이나 자격지심, 부끄러운 모습을 그대로 인정하는 순간부터 우리의 막혀 있던 뇌는 자물쇠를 풀고 이전과는 전혀 다른 새로운 생각을 시작하게 된다. 치유와 치료는 이 순간부터 이루어질 수 있다.

인생에서 성공과 실패는 단순하게 결정되는 것이 아니다. 젊은 시절에는 상처와 결핍, 실패를 여러 번 거듭할 수도 있다. 하지만 그 모든 것을 딛고 일어서 인생의 주인공으로 빛을 발할 수 있는 날이 오리라는 것을 굳게 믿고 일어서보자. 그때부터 내 주변을 둘러싼 모든 것이 달라지기 시작할 것이다.

| 생각해보기 |

● 자아를 확대하는 가장 빠른 지름길 : 자기 사랑

인간의 마음과 정신이 훈련될 수 있다면, 그 훈련을 독려해주는 가장 큰 동기는 사랑이다. 사랑이란 '자기 자신이나 타인의 정신적 성장을 도와줄 목적으로 자신을 확대시켜 나가려는 의지' 와 같다. 즉 그것은 자아 진화의 과정이다.

"상처를 치유하는데 사랑은 큰 효과를 발휘한다. '타인에 대한 사랑' 과 '자신에 대한 사랑' 모두 마음의 상처를 치유하고, 정신적으로 큰 동기부여를 준다."

이처럼 사랑하는 것이 훈련된 사람은 상처를 극복하고 자아의 힘을 확대할 수 있으며, 그것이 곧 상처를 회복하는 중요한 열쇠가 된다.

5. 모든 개인들은 연결되어 있다

> 타인과 가까이 지내고 접촉하라. 절대 고립되지 마라.
> - 마이클 조던

나의 길은 곧 우리의 길

미국의 공군 참모총장을 지냈던 호이트 반덴버그 장군은 2차 세계대전 때 공군 사령관으로 참전해 솔선수범하며 부대를 이끌었다. 하루는 부대를 순시하던 중, 한 폭격수의 말을 들었다. 절망과 공포에 질려 있던 그는 부들부들 떨며 말했다.

"저, 저는… 도저히 비행을 할 수 없을 것 같습니다."

마땅히 질책을 해야 하는 상황이었지만 반덴버그는 그를 야단치는 대신 가까이 다가가 어깨를 두드린 다음 이렇게 말했다.

"오늘은 내가 비행하겠다."

그러고는 몸소 폭격기에 올라탔다. 야단 대신 솔선수범을 보이는 사령관의 모습에 문득 정신을 차린 폭격수는 이튿날부터 다시 주저 없이 폭격기에 올라탔고 부대 전체의 사기도 부쩍 올랐다. 이후 반덴버그 장군은 4성 장군을 거쳐 참모총장 자리까지 올랐다. 반덴버그 장군도 처음부터 리더십을 타고났던 건 아니었다. 심지어 그는 공군사관학교 생도로 있을 때 퇴학 위기를 겪기도 했을 정도로 완벽한 군인과는 거리가 먼 사람이었다. 이런 전력으로 보다시피 그가 리더십을 연마할 수 있었던 것은 피나는 노력과 경험이었기 때문이다.

사람을 연결하는 사고의 끈

어떠한 집단이라도 그 구성원들 사이에는 보이지 않는 끈이 연결되어 있기 마련이다. 건강한 자존감을 가진 한 사람 한 사람이 모인 집단은 건강하고 발전적인 집단이 되고, 병든 마음과 저하된 자존감을 가진 사람이 모인 집단은 결국 뒤처지는 집단이 될 수밖에 없다. 이와 관련해 생물학자 에드워드 윌슨은 다음과 같이 말한다.

"이기적 개인이 이타적 개인을 이긴다. 하지만 이타주의자 집단은 이기주의자 집단을 이긴다."

공동체에서의 모든 문제는 이처럼 연쇄적인 형태를 가질 수밖에 없다. 군대뿐만 아니라 학교나 직장도 마찬가지다. 구성원 전체의 협력이 중요한 역할을 하는 집단일수록 개인은 무시되는 존재가 아니라 그 가치를 인정받는 존재가 된다. 즉 모든 이들의 사고가 하나의 끈으로 연결되어 있는 이상 한 사람이 쓰러지면 다른 사람들도 연쇄적으로 쓰러진다는 것을 알기 때문이다.

나아가 우리는 여기서 한 가지 또 다른 중요한 사실을 알 수 있다. 이심전심이라는 말처럼 내가 존중받고 싶다면 먼저 남을 존중하고, 동료나 상사, 부하에게 먼저 감사하며, 솔선수범하여 리더십을 발휘해야 한다.

또한 자신을 존중하고 타인을 존중하는 조화와 신뢰의 정신은 결국 개개인의 건강한 자아, 서로 간에 감사하는 마음에서 싹튼다는 것을 기억하자.

| 생각해보기 |

● 자존감, 자존심, 자만심의 차이

- 사손감(self-esteem) : 자기를 스스로 존중하는 마음
- 자존심 : 타인에게 굴하지 않고 자기를 지키려는 마음
- 자만심 : 자기가 가진 것을 뽐낼 만하다고 생각하는 감정

사례 : 외국계 기업에 다니는 아내를 둔 중소기업 회사원 남편이 아내에게 하는 말

- **자존심이 강한 남자** : "지금 당신이 나보다 나은 회사 다닌다고 나를 무시하는 것 같은데, 어차피 중간에 짤릴 수도 있고, 평생직장이 아닌 건 당신이나 나나 마찬가지야."

- **자만심이 강한 남자** : (스스로 발전하려는 노력도 하지 않은 채) "내가 지금은 이래도 두고 봐! 머지 않아 큰 프로젝트를 맡을 테니까. 우리 팀장도 4년만에 연봉 1억짜리로 옮겨갔잖아. 나도 그렇게 될 테니 두고 봐."

- **자존감이 강한 남자** : "내 직장이 물론 대단할 건 없겠지만 나는 만족해. 봉급은 적어도 안정적이고 만족도도 높거든. 게다가 열심히 하면 회사 내에서 크게 성공할 수 있어. 나름대로 여러 가지 장점이 있어."

이거 알아요!

장군의 결단이 남긴 것

오늘날의 평화에 공헌한 영웅

미 육군 제임스 밴 플리트(James Alward Van Fleet, 1892~1992) 장군은 6.25전쟁의 전쟁영웅으로서 초기 한국군의 발전에 큰 공헌을 했다. 그는 제2차 세계대전에서 공을 세운 후 1951년 주한 미8군 사령관으로 취임해 한국전쟁에 참전했고, 부임 한 달 만에 닥친 중공군 공세 속에서도 소수병력으로 전투를 이어가면서도 한국군의 전력 향상을 위한 노력을 게을리 하지 않았다.

아버지이기 이전에 장군이기에…

밴 플리트 장군이 유명한 것은 이런 한국전쟁 참전때문만이 아니다. 바로 아버지로서의 개인적인 고통마저 이겨낸 감동적인 스토리 때문이다.

그가 한반도 땅을 밟았던 시기, 그의 외아들인 지미 플리트도 공군 대위로서 전쟁에 참전하게 되었다. 하지만 불행하게도 그는 북한의 순천 상공에서 작전을 수행하던 중 전투기가 적의 포격에 격추되는 바람에 시신조차 찾지 못한 채 실종되었다. 곧바로 수색작전을 시도했지만, 급박한 전시 상황에서 수색은 난항을 겪을 수밖에 없었다. 이때 밴 플리트 장군은 아버지가 아닌 군인으로서의 결단을 내리게 된다. 아들에 대한 수색을 중지하라는 명령을 내린 것이다. 이유는 다음과 같았다.

"적지에서의 수색작전은 자칫 아군의 인명 손실을 키울 수 있다."

그런 뒤 고국의 아내에게 이 소식을 전하는 편지를 썼다.

"우리의 아들은 자신의 임무를 충실히 수행하며 떠났소. 그러니 부디 당신도 이 슬픔을 의연하게 견뎌내 주기 바라오." 이후 밴 플리트 장군은 중공군 남하를 막아 방어선을 지키는 데 공을 세우며 한국전쟁 3년 중 대부분의 기간 동안 우리 군을 위해 싸웠다. 우선 그는 한국군이 스스로 힘을 키워야 한다고 생각했다. 6.25전쟁 도중 신병훈련소를 세워 신병훈련 및 사단 집중훈련을 시켰는데 이때 세운 훈련소가 추후에 보병학교, 포병학교, 통신학교 등으로 확대되었다. 또한 엘리트 군인 양성을 위해 한국군 장교의 미국 유학 등을 추진하고 4년제 육군사관학교를 세우기 위해 종횡무진 활약, 미 육사의 협력과 지원을 이끌어내어 마침내 1952년 1월 진해에서 육사 개교식이 성공적으로 개최될 수 있도록 하였다. 이후 그는 '대한민국 육사의 아버지'로 불렸다. 그의 노력으로 인해 한국군은 정예 장교를 육성하고 교육 시스템을 갖출 수 있게 되었다. 그는 체계적인 군사훈련 체계를 도입시켰으며, 포병 17개 대대 증편, 한국군 20개 사단 증편 추진 등 한국군의 발전에 큰 공을 세웠다. 전쟁이 끝나고 전역한 후에도 육사 도서관을 지어 기증하였다.

자유를 사랑하는 국민을 수호하기 위하여

전쟁 중에 쓰러져간 수많은 군인들의 희생은 세월이 흘러도 잊혀져서는 안 될 것이다. 현재의 평화와 자유는 이들의 헌신에 기반하기 때문이다. 비록 국적이 다른 미국인이었지만 밴 플리트 장군 역시 한국인이라면 누구나 감사의 마음을 갖지 않을 수 없는 인물이다. 1992년 향년 100세의 나이로 별세하기 직전 그가 육사생도에게 보낸 편지는 자유의 의미에 대해 다시 한 번 고마움을 느끼게 하며 큰 감동을 준다.

"인내심과 불굴의 의지를 갖고 있는 자유를 사랑하는 국민은
그들의 꿈을 실현시킬 수 있습니다.
자유란 소중한 것이지만 또한 소멸되기 쉬운 것이기도 합니다.
자유를 사랑하는 국민은 그들의 자유를 수호할 의지를 가져야 합니다.
그들은 군대가 필요하며 그 군대의 국민은 의사에 응해야 하고 그 군대의
전문성과 모범은 시민들로부터 높은 존경을 받을 수 있어야 합니다."

3장

편견을 버리면 마음의 문이 열린다

> 누군가를 당신 편으로 만들고 싶다면,
> 당신이 그의 진정한 친구라는 확신을 그에게 먼저 줘야 한다.
> - 에이브러햄 링컨

잠깐만! 요약해서 먼저 들여다보기

누구나 인생의 분기점에 이르면 큰 변화를 맞이한다.
학교에 진학하고, 성인이 되고, 새로운 일터에 취직하고,
새로운 업무를 맡고, 새로운 사람들을 만나게 된다.
연장선상에서, 군 생활도 새로운 변화의 기회가 될 수 있다.
새로운 환경이라는 것은 어떤 특징을 가질까?
처음에는 적응하기 위해 어려움을 겪지만,
지금까지의 익숙함을 버리고 편견을 극복하며
자신의 고정관념을 깨는 것은 삶을 새롭게 바라보는 계기가 될 수 있다.
당연하게 생각했던 것에서 탈피하여 자신과 타인을 제대로
바라볼 기회를 얻는 것이다.

1. 익숙함 버리기

군대에 입대하는 것이나 새로운 학교에 입학하는 것, 새로운 직장에서 일하는 것이나 새로운 직위나 직책을 맡는 것 등 새롭고 낯선 환경에 처하는 일에는 공통점이 있다. 지금까지 익숙했던 모든 것들에서 벗어나 자신을 환경에 적응시키고 어려움을 극복해야 한다는 점이다.

사람은 누구나 익숙한 걸 편하게 여기는 습성이 있다. 그러나 이 익숙함이 때로는 발전을 가로막기도 한다. 익숙한 모습만 유지하려 들면 숨어 있던 잠재성을 꺼내기 어렵기 때문이다.

'부족할 것 없어 보이는 삶' 의 함정

아카데미 수상작 〈킹스 스피치〉는 현 영국 여왕 엘리자베스 2세의 아버지인 조지 6세의 실화를 그린 영화로, 제2차 세계대전을 앞두고 영국 국민에게 용기를 심어준 그의 일생을 돌이켜보고 있다. 나아가 그의 스토리가 감동을 주는 가장 큰 이유는 스스로의 트라우마를 극복하고 진정한 지도자로 거듭났다는 점이다.

사실 왕의 후손으로 태어나 자연스럽게 왕이 된 사람이라고 하면 그 무엇도 부족할 것 없는 인생이리라 생각하기 쉽다. 그러나 조지 6세의 인생은 약점을 극복하려는 노력의 연속이었다.

다른 영국 왕가의 자제들과 마찬가지로 그도 어려서부터 왕립 해군사관학교에 들어가 장교의 길을 걷기 시작했지만, 어릴 때부터 몸이 약하고 겁이 많으며 성적도 그리 좋지 못하여 군인으로서는 결코 적합하지 않은 인물로 보였다. 게다가 심각한 말더듬증으로 인하여 사람들 앞에 서는 것을 두려워해 당연히 열등감도 많았다.

그런 그가 어떻게 존경받는 리더가 되었을까?

겁 많고 병약한 사관생도

그는 군내가 적성에 맞지 않았음에도 1차 세계대전 때 해군 장교로 참전하는 등 의무를 다하려 했다. 문제는 그 다음부터였다. 형인 에드워드 8세가 왕위에서 물러나는 바람에, 준비도 없이 왕위에 올랐다.

영화에서 묘사된 것처럼 말더듬 증상이 심하고 카리스마도 부족한 그는 2차 대전의 전운이 감도는 상황에서 국민을 제대로 이끌기 어려워 보였다. 전해지는 이야기에 의하면 그는 고심한 나머지 대중연설에 능한 달변가였던 히틀러를 부러워했다고 한다.

그럼에도 그는 약점에 주눅 드는 대신 이를 극복하기로 했다. 아내의 내조, 호주의 언어치료사 라이오넬 로그의 치료로 말더듬증을 고치기 위한 피나는 노력에 돌입했다.

당시 유럽 전역은 히틀러의 광기가 본격화되던 무렵이었다. 독일과 전쟁 상황에 놓이게 된 영국 국민들에게 가장 필요한 것은 정의에 대한 믿음과 용기였다. 언어치료를 받던 조지 6세는 바로 이때 영국 국민들의 단

결과 애국심을 호소하는 명연설을 하기에 이른다.

지금까지도 회자되는 1939년 9월 3일의 연설은 지금까지도 영국인들의 가슴에 감동과 존경의 감정으로 남아있다.

위기상황에서 빛을 발하는 것은

조지 6세의 위대함은 단순히 자신의 약점을 극복하고 명연설을 남겼다는 데 있지 않다. 중요한 것은 그가 2차 대전이라는 비상상황에서 한 나라의 왕으로서 리더십을 발휘했다는데 있다. 그는 포격의 위험을 무릅쓰면서 끝까지 궁을 지키며 국민과 함께 했고, 여느 국민과 마찬가지로 음식 배급과 난방이 제한된 전시 상황을 몸소 견뎠다. 특권층으로서의 혜택을 거부하며 일촉즉발의 전장에 몸소 나가 병사들을 격려하는 등 고통을 국민과 함께 나누는 수장으로서의 면모를 보였다.

병약하고 소심하며 사람들 앞에 서면 우스꽝스럽게 말을 더듬던 그가 약점과 부족함을 극복하고 결국은 모두의 국왕으로 떠오른 것이다. 물론 그는 타고난 리더는 아니었을지 모른다. 하지만 최악의 위기상황에서 국민에게 큰 힘이 되어준 진정한 왕이었다. 자신에게 익숙한 것에 안주하고 체념했더라면 그의 삶은 물론이고 영국의 운명 자체가 달라졌을지도 모른다.

사실 기존의 자신과 달라진다는 것, 익숙했던 모든 것에서 벗어난다는 것은 불편하고 고통스러우며 때로는 불가능해 보일 수도 있다. 그러나 새로운 운명을 만드는 것은 바로 그러한 고통과 불편함이다. 과연 당신에게는 어떤 약점이 있는가? 어쩌면 그 약점을 극복하면서 당신은 새로운 모습으로 태어날 수 있을 것이다.

| 생각해보기 |

● 열정은 겸손과 감사에서 시작된다

세계적인 일본이 대기업 마스시다 전기(현재의 파나소닉)를 창업한 마스시다 고노스케를 아는가. 그는 일본에서 '경영의 신(神)'으로 추앙받으며, 그 성공 스토리는 지금까지도 많은 이들에게 귀감이 되고 있다. 그는 사업을 돈벌이가 아닌 타인을 행복하게 해주는 방책으로 여겼고, 수많은 사람들과 협력하고 서로를 독려하면서 구멍가게 수준의 기업을 거대 재벌 기업으로 키워냈다.

그는 4살 무렵 집안이 몰락하자 화로가게, 자전거 가게의 점원, 시멘트 운반 인부로 일하며 젊은 시절을 보냈다. 그러다가 22살 스스로 개발한 전기 소켓을 토대로 사업을 시작해 13만 명의 종업원, 570개의 계열사에 이르는 대기업을 키워냈다. 마스시다는 자신의 과거에 대해 이렇게 술회한다.

"저는 가난한 집안에서 태어난 덕분에 어릴 때부터 갖가지 힘든 일을 하며 세상살이에 필요한 경험을 쌓았습니다.

저는 허약한 아이였던 덕분에 운동을 시작해 건강을 유지할 수 있었습니다. 저는 학교를 제대로 마치지 못했던 덕분에 만나는 모든 사람이 제 선생이어서 모르면 묻고 배우며 익혔습니다."

가난과 허약함조차 자신의 발판이라고 말했던 그는 이런 마음가짐을 통해 열정을 불태울 수 있었던 것이다.

이처럼 자신을 바꾸고 세상을 바꾸는 열정의 근원은 바로 마음과 태도에 있다. 열정하면 무작정 앞으로 전진하는 모습을 떠올리기 쉽지만, 돌이켜보면 이는 감사하는 마음, 겸손한 마음에서 시작된다. 주어진 것 안에서도 최선을 다하려는 마음가짐이 우리의 심장을 뜨겁게 하는 것이다.

2. 타인의 상황을 인식하기

　역사에 남은 훌륭한 위인들은 흔히 그 자질을 타고났다고 여겨진다. 그러나 겉모습만으로 판단하는 것은 속단이다. 영국 국왕 조지 6세가 리더와는 거리가 먼 성격에 말더듬증으로 오랜 세월 고통 받았던 것처럼, 위대한 족적을 남긴 다른 수많은 사람들도 그 이면에 무수한 상처와 실패의 경험들을 지니고 있다.

　2차 세계대전의 승리에 큰 역할을 한 영국 총리 윈스턴 처칠도 그랬다. 언어치료사의 치료를 받을 정도는 아니었지만, 그에게도 말을 더듬는 증상이 있었기에 정치가로서 약점이 아닐 수 없었다. 그러나 그는 '로마제국 흥망사'를 수차례 베껴 써가며 말하기 연습을 한 끝에 그 약점을 극복할 수 있었다.

　우리는 외부 상황을 인식하지 못한 채 타인을 '원래 그런 사람'이라고 판단한다. 잘난 사람은 원래 태어날 때부터 잘났을 것이라고 생각하고, 반대로 부족하거나 못마땅해 보이는 사람은 원래부터 못난 사람일 것이라고 너무 쉽게 결정짓는다.

　그러나 타인에 대한 이러한 섣부른 판단은 오해를 부른다. 이는 대인관계와 조직생활에 있어서 역효과를 낳을 수밖에 없다.

'원래 그런 사람' 이라는 오류

> '저 사람은 원래 멍청해.'
> '그는 원래부터 게으르기 때문에 일을 망친 거야.'
> '쟤는 원래 답답하고 짜증나는 인간이야.'

누구나 한 번쯤 타인에 대해 이런 판단을 내려 본 적이 있을 것이다.

반대 경우도 마찬가지다. 즉 누군가가 나를 잘 알지도 못하면서 '원래 멍청한', '원래 일을 못하는', '원래 행동이 답답한' 사람이라고 단정 지었을 수 있다.

이러한 판단들이 과연 옳은 것일까?

멍청해 보인다고 생각했는데 알고 보니 주어진 업무가 익숙하지 않아 본의 아니게 실수를 저지른 것일 수도 있고, 이런저런 외부 상황으로 의도하지 않은 결과를 초래한 것일 수도 있다. 심지어 심리학에서도 사람들이 상황의 역할을 과소평가함으로써 타인을 오해하는 경향이 있다고 말한다. 그 사람의 원래 성격과 특징 때문에 일을 그르쳤다고 판단하고 그 사람을 원망하거나 탓하는 것은 모두에게 해가 된다. 그 순간부터 서로 간에 갈등이 싹트고 분노, 미움이 자라기 때문이다. 반대로 그 사람이 어떤 사람이며 어떤 생각과 특성을 갖고 있고 어떤 행동을 하는지를 인지하려면, 무엇보다도 그를 좌지우지하고 있는 다양한 상황을 세밀하게 살펴봐야 한다. 그를 위해서 가장 먼저 해봐야 할 것은 바로 상대의 입장이 되어보는 일이다.

타인의 입장 되어보기

심리학자들은 '상황'의 역할을 인식하고 타인과 입장을 바꿔 생각해보는 것만으로도 대인관계와 사회생활이 훨씬 원활해진다고 조언한다. 타인을 성급히 오해하지 않고, 나 자신도 부당하게 오해받는 상황을 방지하려면 눈앞에 보이는 것만이 전부가 아닐 수 있다는 사실을 늘 염두에 두어야 한다.

> '왜 쟤는 빠릿빠릿하지 않지?'
> '고집불통이라 영 말귀를 못 알아듣네.'
> '멍청하긴, 해놓으라는 일을 왜 처리 못하는 거야?'

위와 같이 생각하기 전에, 한 번이라도 그 사람이 처한 상황, 그 사람이 그런 행동을 할 수 밖에 없었던 조건들을 그 사람의 입장에서 바라보자.

> '흠, 아직 새로운 일에 적응하지 못해서 그런가?'
> '그렇지, 나라도 그런 말을 하면 몹시 당황했을 거야.'
> '너무 낯선 환경이니 그럴 만도 하지.'

이러한 생각을 해보는 것만으로도 상호 간에 갈등과 오해, 분노와 적개심은 훨씬 줄어들고 얼마든지 유연하게 문제를 해결할 수 있다.

| 생각해보기 |

● **오해를 이해로 바꾸는 화법은?**

그는 왜 그리 일을 못하지?(×) → 그는 그 일이 아직 익숙하지 않군.(○)

그는 왜 그리 고집이 셀까?(×) → 자기 신념을 매우 강하게 고수하려 하는군.(○)

그는 도무지 이해가 안 돼.(×) → 나는 그를 잘 모르니 그와 대화를 해봐야겠군.(○)

● **'괜찮아'의 화법**

'그만하면 참 잘했다'고 용기를 북돋아 주는 말

'너라면 뭐든지 다 눈감아 주겠다'는 용서의 말

'무슨 일이 있어도 나는 네 편이니 넌 절대 외롭지 않다'는 격려의 말

'괜찮아! 조금만 참아, 이제 다 괜찮아질 거야' 마음으로 일으켜 주는 축복의 말

'괜찮아'는 이제 다시 시작할 수 있다는 희망의 말이다.

3. '나답게' 산다는 것은?

> "당신이 누구인지를 발견하고,
> 무엇을 하고 있는지 깨닫고, 그것을 믿어라."
> - 바브라 스트라이샌드

인간은 다른 사람들과 함께 있을 때 얼마나 독립적으로 사고할 수 있을까? 혹은 얼마나 동조적으로 휩쓸릴까?

수많은 심리학자들이 이런 의문들 속에서 다양한 연구들을 수행해왔다. 그중에 잘 알려져 있는 연구가 바로 심리학자 애시의 '선분 길이 측정'에 관한 실험이다. 이 실험은 사람들에게 3개의 선분이 그려진 그림을 보여주고 길이의 차이를 말하라고 지시한다. 이때 대부분은 선분의 길이를 눈으로 명백히 판단할 수 있음에도 다른 사람들이 틀린 답을 말하자 자신의 판단에 확신하지 못하고 망설이다가 결국은 다른 사람들처럼 틀린 답을 말하고 만다.

사람은 혼자 있을 때는 얼마든지 올바른 판단을 할 수 있음에도 다른 사람들과 함께 있을 때는 집단의 의견에 동조해 '튀지 않고 묻어가려는' 성향이 있다. 집단생활 속에서 진화한 만큼 혼자만의 판단보다는 여러 사람들의 판단이 덜 위험하다고 인지한다. 때문에 아무리 독립적인 사람도 특정 집단에 편입되어 있다면 타인의 사고와 행동에 큰 영향을 받을 수밖에 없는데, 이로 인한 대표적인 현상이 '군중심리'이다. 혼자서는 할 수 없던 일들을 군중 속에서는 할 수 있게 되는 것이다.

집단사고의 위험성

물론 집단이나 군중 자체가 나쁜 건 아니다. 그러나 군중 속의 대다수가 그릇된 판단을 할 경우에는 자칫 위험하거나 무모한 결정을 내릴 수 있다. 이성적으로 판단하기보다는 군중의 분위기 자체에 현혹될 수 있으며, 이로 인해 집단사고나 군중심리는 때로 대단히 파괴적인 결과를 초래하기도 한다. 히틀러의 달변에 현혹된 나치의 군중심리와 유대인 대량 학살, 역사적으로 수많은 전쟁에서 군인들이 저지른 비인간적 만행들이 그 대표적인 예다. 또한 혼자 있을 때는 유순한 성격이던 사람이 여러 사람의 폭력 행위에 동참했을 때 매우 끔찍하고 폭력적인 범죄를 서슴지 않고 저지르기도 한다.

학교나 군대에서 벌어지는 왕따나 폭력 사건도 마찬가지이다. 한두 사람의 권위와 힘에 여러 사람이 동조하여, 나 혼자서는 결코 하지 않았을 위험하고 파괴적인 행동을 자행하게 되는 것이다. 한 예로 범죄행위를 저지른 사람들의 부모나 가족들은 흔히 "우리 애가 그럴 아이가 아니다."라는 말을 하는 경우가 많은데, 이는 집단의 위험한 영향력을 간과한 셈이다.

'우리 애가 그럴 리 없어요'

때문에 군중을 움직이는 지도자는 그 영향력 면에서 매우 중요하다. 리더가 어떠한 사고방식을 가졌느냐에 따라 그 집단은 생산적일 수도, 반대로 파괴적일 수도 있다. 이때 개개인도 자신이 속한 집단이 어떤 가치관에 의해 움직이고 있는지를 살펴야 한다. 그렇다면 특정한 사회와 집단 안에서 진정 '나답게' 산다는 것은 무엇일까? 사회생활이나 직장생활, 혹은 특정 목표를 위해 움직이는 공동생활을 하면서도 '나다움'을 유지할 수 있을까? 아니, 과연 '나다움'이라는 것은 무엇일까?

'나답다'라는 건 결코 혼자만의 독선적인 판단에 의해 마음대로 행동한다는 뜻이 아니다.

'나다움'을 지킨다는 것은 매 순간 '깨어 있는' 의식을 가지고, 그 집단을 발전시킬 올바른 규범을 준수하면서도 내 가치관과 판단력을 잃어버리지 않으려 노력하는 의지를 뜻한다.

즉 내가 누군가의 영향을 받을 수 있고, 나 또한 다른 이들에게 영향을 끼칠 수 있음을 자각하는 것이 바로 '나다움'이며 그것이 집단의 구성원인 동시에 자기다움을 지키는 일이다.

| 생각해보기 |

● 천천히 생각하는 슬로우 싱킹(Slow Thinking)

슬로우 싱킹이란 '천천히 생각하기' 라는 뜻으로 부연하자면 머리로는 생각하고, 몸은 휴식을 취하는 방식을 뜻한다.
슬로우 싱킹은 천천히 명상하듯 생각함으로써 깊이 있고 몰입도가 높으면서도 편안하게 사고할 수 있는 방법이다.

- **방법** : 편안한 의자에 앉아 온몸에 힘을 빼고 오직 해결하려는 문제에만 집중하여 명상하듯이 생각한다.

- **과정** : 슬로우 싱킹을 하다보면 선잠이 드는 경우가 많은데, 보통 10-20분이 지나면 깬다. 이처럼 짧은 잠 뒤에는 몰입도가 올라가고 아이디어도 잘 떠오른다.

- **효과** : 슬로우 싱킹은 성찰과 문제 해결을 효과적이면서도 깊이 있게 시행할 수 있는 훌륭한 도구다. 또한 오로지 자신의 사고와 문제 해결 능력을 믿고 하는 것인 만큼 독립적인 사고방식이기도 하다. 문제에 닥쳤을 때 무작정 남에게 조언을 구하기보다는 우선적으로 문제의 앞뒤를 짚어보는 슬로우 싱킹을 시도해보자.

4. 타인에 대한 편견 버리기

학자들의 연구에 의하면 소외나 따돌림을 당할 때 겪는 고통은 극심한 신체 통증과 비슷하다고 한다. 인간이 얼마나 철저한 사회적 동물이며, 집단에서 받아들여지지 못한다는 것이 얼마나 괴로운지를 증명하는 연구 결과이다. 사람들이 집단에 농조하고, 집단이 정한 규범에 순응하며, 왕따로 소외되는 상태에 처하지 않으려 하는 것도 이런 고통 때문이다. 그 결과 '우리 집단'이 '다른 집단' 보다 더 우월하다는 인식을 가지게 된다. 같은 인종, 같은 민족, 같은 국가의 사람들을 타인종, 타민족, 타국가 사람들보다 친근하게 여기고 선호하는 것도 이 때문이다. 나아가 같은 고향, 같은 학교 출신, 같은 동네처럼 수많은 '우리 집단'에 대한 소속감과 유대감 또한 본능과 같은 것이다.

편을 나누는 것만으로 심리가 달라진다

학자들의 연구에 의하면 '같은 편' 이라고 범주를 만드는 것만으로도 '우리 집단'에 대한 선호도와 유대감이 생겨난다고 한다. 체육대회에서 팀을 나누는 것을 떠올려보자. 그것만으로도 자신도 모르게 '우리 팀'을 응원하고 상대편 팀이 지기를 바라게 되지 않던가.

이는 결코 상대편을 증오해서가 아니라, 단순히 '우리'와 '너희'의 범주가 생겼다는 것만으로 그들을 대하는 심리가 달라지기 때문이다. 이로 인해 '내가 속한 집단'의 사람들에게는 훨씬 관대하고 친근한 반면, '내가 속하지 않은 집단'의 구성원들에 대해서는 배타적이고 냉정한 경우가 많다. 타인에 대한 '편견'도 바로 이런 작용을 통해 발생하며, 따라서 잘 알지 못하는 타인에 대한 편견, 혹은 '우리 집단'이 아닌 타 집단에 대한 편견은 사회적 동물로서의 인간에게는 어느 정도 피할 수 없는 본능일 것이다.

너와 나는 다르지 않다

문제는 단순한 편견을 넘어 오해를 극대화시킨 나머지 왜곡된 적대감을 형성하고 불합리한 차별을 만드는 경우다. 상대방을 아직 잘 모른다는 이유로, 그 사람이 '우리 편'이 아니라는 이유만으로 증오하고 차별한다면, 나 역시 나를 잘 알지 못하는 사람으로부터 부당한 대우를 받을 수 있다. 따라서 상대를 무조건 배척하기 전에 다음과 같이 생각해볼 필요가 있다.

> '무조건 명령에 따르라고 하니 답답할 수 있지 않을까?'
> '살갑지 않고 무뚝뚝한 건 그냥 성격일 수 있지 않을까?'
> '내 동생이나 친구였어도 내가 후임에게 그렇게 대했을까?'
> '알고 보면 후임도 나와 같은 생각을 하고 있지 않을까?'

누군가에 대한 편견은 언제나 발생한다. 그러나 이때 '내가 하고 있는 생각이 오해나 편견, 고정관념일 수도 있다.' 라는 것을 인지하는 것과 그렇지 않은 것에는 큰 차이가 있다.

너와 내가 다르지 않음을 깨닫는 순간, 더 큰 범주의 '우리' 가 만들어질 것이다.

| 생각해보기 |

● 편견을 극복하는 마법의 한 마디!

"나라면?"

(예) "만약 내가 저 사람이라면?"

"만약 내 가족 중 한 사람이라면?"

"만약 내게 닥친 일이라면?"

"만약 내 친구였다면?"

| 아하 그렇구나! | 링컨이 전쟁을 승리로 이끌 수 있었던 진짜 이유 |

현대에도 귀감을 주는 통합의 리더십

'나는 할 수 있다, 잘 될 것이다' 라고 결심하라.
일단 결심하고 나면 방법을 찾을 수 있게 될 것이다.
- 에이브러햄 링컨

미국의 16대 대통령 에이브러햄 링컨은 미 역사상 가장 탁월한 대통령이자 리더로 평가받는다.
오두막집에서 태어난 가난한 어린 시절, 정규교육을 1년도 받지 못한 학력, 깡마르고 볼품없는 외모, 그럼에도 불구하고 남북전쟁 승리와 노예해방, 역사상 손꼽히는 명연설인 게티즈버그 연설 등 분열의 소용돌이에 있던 미국 땅에 통합의 물꼬를 튼 그의 위대한 업적들로 인해 오늘날 위인전의 단골 소재로 쓰이고 있다.

기꺼이 그의 군화도 닦아줄 것입니다

자주 인용되는 그의 인생의 일화들 중에는 남북전쟁에서 큰 공을 세웠던 조지 매클렐런 장군과의 이야기도 빼놓을 수 없다.
전쟁이 한창이던 어느 날, 링컨 대통령은 장군을 격려하기 위해 그의 야전 사령부를 방문했다.

그러나 장군이 아직 전장에서 돌아오지 않았기 때문에 몇 시간 동안 그를 기다려야 했다.

그러나 몇 시간 후 지친 모습으로 전장에서 돌아온 장군은 자신을 기다리고 있던 대통령을 지나쳐 자기 방으로 그대로 들어가 침대에 쓰러져 버렸다.

대통령을 수행하던 국방장관은 장군의 태도에 노발대발했다. 직속상관인 대통령과 자신에게 예를 차리지 않았기 때문이다. 그는 "저 무례한 놈을 직위해제 시켜야 합니다."고 말했다. 그러나 링컨은 오히려 이렇게 대답했다.

"아니오. 장군은 이 전쟁에서 반드시 필요한 사람이오. 이 피비린내 나는 전투가 장군 덕분에 조금이라도 단축될 수 있다면 나는 기꺼이 그의 말고삐를 잡아주고 그의 군화도 닦아줄 것이오. 그를 위해서라면 무슨 일이든 다 할 것이오."

링컨은 전장의 장군에게 무엇보다도 필요한 것은 상관에 대한 인사치레가 아니라 당장의 휴식임을 간파한 것이다.

적군도 아군으로 만들 수 있었던 비결

무엇이 더 중요한 가치인지를 중시했던 링컨의 유연성 있는 리더십은 마침내 남북 전쟁을 북부 연합의 승리로 이끌어내는 중요한 힘이 되었다.

그러나 링컨의 진정한 승리는 전쟁 승리 이후 반대편까지 끌어안을 수 있었던 통합의 리더십에 있다.

당시 남부 연합 총사령관이었던 로버트 리 장군의 발언은 링컨의 리더십이 어떤 것이었는지를 알려준다. "우리는 북부군에 항복한 것이 아니다. 링컨 대통령의 정직과 선의에 항복한 것이다."

전쟁이 끝난 직후 열린 백악관의 행사에서 링컨이 행사장 연주자들에게 연주를 부탁한 '딕시' 라는 노래는 남부 연합군이 전쟁 중 즐겨 부르던 노래였다.
사람들은 일순 긴장했다. 하지만 링컨은 오히려 "이 노래는 내가 좋아하는 최고의 노래"라며 모두의 긴장감을 풀어주었다. 이 상징적인 행위는 남부군에 대한 복수나 보복이 아닌 화해와 통합을 지향하겠다는 정치적인 제스처이기도 했다.
실제로 링컨은 반대파에 대해서도 지원과 지지정책을 추진하였고, 특히 진심을 담아낸 뛰어난 연설을 통해 대중을 감동시켰다.

누군가 나를 중상모략 한다면

자신에게 반대하던 적군까지 아군으로 끌어안으려는 링컨의 노력은 그가 암살당할 때까지 멈추지 않았다. 이에 부응하듯이 그의 장례식 때는 추모 행렬이 3천 미터 가까이 이어질 정도로 미국인은 링컨이라는 위대한 리더를 가슴에 품었다. 심지어 사후에도 링컨은 가장 미국적인 통합과 화합의 리더십을 펼친 인물로 거듭 재평가되기에 이른다.
링컨의 다음과 같은 발언은 자신을 반대하는 사람들까지 품어야 했던 인간적인 고뇌와 함께, 타인의 증오와 미움에 맞서 어떻게 대응하는 것이 옳은가에 대한 교훈을 준다.

"누군가 자신에게 이유 없이 중상모략을 하면 분노가 치밀어 오릅니다.
그리고 그에게 복수하고 싶어지죠.
하지만 이 점을 명심하십시오.
가장 훌륭한 복수는 '정직' 그 자체입니다."

4장

우리 마음의 문은
누가 지배할까

> 당신의 열망을 실현하려면,
> 우선 명확한 계획을 세우고 즉시 시작하라.
> 그리고 준비가 되었건 안 되었건 이 계획을 행동으로 옮겨라.
> - 나폴레온 힐

잠깐만! 요약해서 먼저 들여다보기

누구나 변화를 꿈꾼다.
지금까지와는 다른 삶, 보다 행복하고 긍정적인 삶을
살고 싶다고 생각한다.
하지만 이를 몸소 실천하려면 이런 변화가 왜 필요한지를
객관적으로 알아볼 필요가 있다.
그렇다면 어떻게 긍정적인 사고방식이 우리 삶에 그토록 지대한
영향을 끼치는 것일까?
우리의 마음이 변화할 때, 우리 두뇌와 신체의 시스템은
어떻게 작용할까?
뇌의 감각과 인지작용을 지배하는 기본 원리들을 이해하게 되면
인생을 변화시키는 감사습관을 좀 더 효율적으로 실천할 수
있을 것이다.

1. 신비로운 뇌 이야기

인간의 뇌는 신이 창조한 가장 정교하고 위대한 발명품이라는 말이 있다. 그 정도로 인간의 뇌는 복잡하면서도 다양한 기능을 수행하며, 인간의 감정과 사고 능력, 나아가 인간 관계에도 깊숙이 관여한다. 뇌가 없다면 인간의 육체는 껍데기와 같으며, 따라서 뇌의 비밀을 밝히는 것은 인간의 정서와 영혼 모두를 살펴보는 일이 될 수 있다.

인간의 뇌는 크게 전두엽, 두정엽, 후두엽, 측두엽으로 나뉘며 그 기능은 다음과 같다.

두뇌를 이루는 4부분과 주요 명칭

❶ : 측두엽 : 대뇌피질의 양쪽 가장자리 부분으로 귀로 듣는 청각 정보 처리를 담당한다.

❷ : 두정엽 : 뒤통수 상부에 있으며 운동과 관련된 운동중추 외에 촉각과 통증 등 피부와 내장 근골격의 감각 신호를 받아들인다.

❸ : 후두엽 : 뒤통수 하부에 존재하며 시각 중추가 존재한다. 사물의 위치와 움직임, 상태 등의 정보를 처리한다. 이곳에 문제가 생기면 눈이 멀쩡하더라도 시각장애가 발생한다.

❹ : 전두엽 : 이마 앞부분에 있는 부분으로 언어활동을 포함해 기억하고 사고하는 높은 수준의 행동을 관장한다.

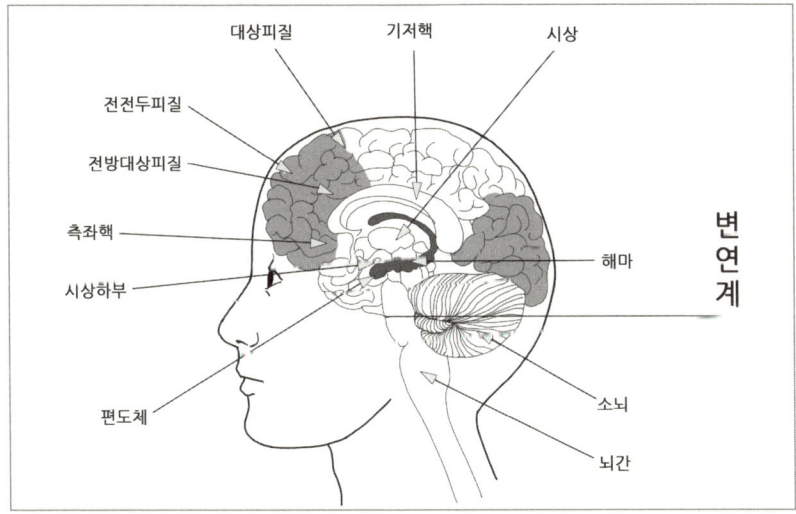

① 편도체 : 정서적 자극에 반응하는 역할을 한다.
② 시상하부 : 배고픔, 성욕 등의 충동을 조절한다.
③ 측좌핵 : 동기와 행동에 관계한다.
④ 전방대상피질 : 자기성찰, 주의 집중, 자기결정의 주도적 역할을 한다.
⑤ 전전두피질 : 전두엽에서 가장 넓은 부위로 계획, 행동, 정서를 조정하고 지시한다.
⑥ 대상피질 : 주의통제, 감정조절, 운동통제에 관여한다.
⑦ 기저핵 : 보상, 자극 추구에 관계한다.
⑧ 시상 : 후각을 제외한 모든 감각을 소뇌와 대뇌피질로 전달하는 중심부위이다.
⑨ 해마 : 기억을 형성하고 위협을 감지한다.
⑩ 변연계 : 감정, 행동, 기억, 후각 등을 담당한다.
⑪ 소뇌 : 주로 운동기능과 평형감각을 조절한다.
⑫ 뇌간 : 대뇌와 척수를 이어주는 부분

이중에서 인간의 감정과 행동에 지대한 영향을 미치는 부분이 바로 파란색인 전두엽이다. 나아가 이 부분은 추리하고 문제를 해결하며 감정을 나누는 등 인간관계에 반드시 필요한 영역이다. 흔히 소시오패스나 사이코패스라 불리는 이상자들의 경우 전두엽의 크기가 작거나 비정상적 활성을 보이는 경우가 많은데, 이 전두엽이 바로 타인과 공감하고 다른 통로를 통한 정보까지 관할해 행동 조절에 관여하기 때문이다.

이처럼 인간의 두뇌는 각자의 영역에서 인간이라는 풍부한 감정과 사고와 인지의 생명체를 만들어낸다. 실로 행복이나 감사의 감정을 느끼는 것도 인간의 두뇌와 긴밀한 관련을 가진다. 다음은 행복한 뇌를 만들기 위한 실험과 그 결과를 정리한 것이다. 행복감을 느끼는 뇌를 만드는 것이 믿어지지 않는다면 다음의 이야기들에 귀 기울여보자.

'행복한 뇌 만들기 HEAL 4단계'

다니엘 에이멘 박사의 실험에 의하면 감사하는 마음을 가질 때는 두뇌에 흘러드는 혈류량이 달라진다.

뇌를 방사선 단층 촬영할 경우 부정적인 감정에 사로잡혀 있을 때는 혈류량이 적은 반면 긍정적이고 감사하는 감정을 가졌을 때는 혈류량이 증가하여 뇌의 활동이 활발하고 원활해진다.

그렇다면 뇌가 행복한 경험을 활성화 할 수 있도록 계발시키는 것이 정말 가능할까?

세계적인 신경심리학자이자 명상 전문가 릭 핸슨은 달라이 라마의 '명상의 신경과학'이라는 놀라운 주제의 강연을 듣고 놀라움을 금치 못했다. 이 강연은 굳어버린 성인의 뇌는 고정불변이라는 기존 뇌 과학계의 불문율에 조용히 도전장을 내밀고 있었다. 불교적인 세계에서 일상적으로 행해지는 명상만으로도 뇌에 생리학적 변화가 일어나며, 마음 상태에 따라 뇌도 변한다는 이론을 제시한 것이다. 이 강연에 주목한 릭 헨슨은 감정 변화를 통한 뇌 반응 변화를 측정하는 연구를 진행했고, 불교적 명상과 수련이 가장 행복하고 지혜로우며 사랑이 기득한 뇌를 만들 수 있다는 '뇌를 행복하게 만드는 HEAL 절차'를 주장하였다.

그의 이론에 따르면 행복한 뇌를 만드는 4단계 방법은 다음과 같다.

1단계 : 긍정적인 경험을 하기 (Have a positive experience)

(예) 남자친구인 철수와 사소한 일로 다툰 영희는 고심 끝에 용기를 내어 먼저 사과의 메시지를 보냈다.

"며칠 전 일은 정말 미안해, 내가 너무 감정적이었어."

놀랍게도 철수 또한 금방 사과를 해왔다.

"우리 정말로 텔레파시 통하나봐. 사실 나도 지금 너한테 전화하려던 참이었거든. 사실.. 내가 더 미안해."

며칠간 잠도 못자고 마음을 썼던 영희는 그 한 마디에 불안과 서운함이 사라지는 것을 느꼈다.

2단계 : 긍정적인 경험을 풍요롭게 하기 (Enrich)

(예) 영희와 철수는 동네 뒷산을 함께 산책하며 많은 이야기를 나누었다.

"우리 그날 왜 그렇게 화가 났더라?"

철수가 묻자 영희는 곰곰이 생각했던 바를 차분하게 말했다.

"우리 둘 다 잘못 없어. 상황이 그랬을 뿐이야. 그래도 다음에는 목소리 높이지 말고 서로 이야기를 들어주자."

그 말에 철수는 영희의 손을 꼭 잡고 미소를 지으며 그러겠다고 약속했다.

3단계 : 긍정적 경험 흡수하기 (Absorb)

(예) 영희와 철수는 이후 화가 날 때면 목소리부터 높이는 대신 10초간 숨을 고르고 이야기를 시작하는 습관을 들이기 시작했다. 처음에는 잘 되지 않았지만 차츰 차츰 두 사람 사이의 사소한 다툼은 줄어들었고, 두 사람은 이듬해 봄에 결혼식을 올렸다.

4단계 : 긍정적인 것과 부정적인 것을 연결하고 대체시키기 (Link)

(예) 영희는 전 남자친구에 대해 나쁜 기억이 있었다. 그는 다툼이 있을 때마다 먼저 사과하는 영희를 우습게 여겼고, 영희는 자존심이 상했다. 또한 싸울 때는 둘 중에 목소리 큰 사람이 우세한 상황이 연출되곤 했다.

'그 남자는 난폭하기보다는 그저 자존감이 낮았던 거야. 지금 철수랑 결혼한 건 정말로 다행이고 행복한 일이야.'

영희는 앞으로 위기가 닥쳐도 곁에 있는 철수를 믿고 의지하며 난관을 헤쳐가리라 다짐했다.

일상에서 이러한 4단계를 실천하면 불안, 좌절, 트라우마, 인간관계 문제에 있어 부정적인 경험을 긍정적인 것으로 흡수하고 대체하여 궁극적으로 행복한 뇌를 만들 수 있다는 것이 이 주장의 요지이다. 여러분의 삶도 마찬가지다. 앞선 네 단계를 작은 것부터 큰 것까지 응용해서 활용함으로써 작은 긍정의 힘이 커다란 내면의 힘으로 바뀌는 것을 경험할 수 있을 것이다.

2. 우리 뇌가 원하는 것은?

흔히 인간의 뇌를 컴퓨터 정보처리 과정에 비유해 설명하곤 한다. 물론 외부 정보를 입력하고 처리하고 출력하는 메커니즘에 있어서 뇌와 컴퓨터는 유사한 면이 있다. 그러나 사람의 두뇌와 컴퓨터의 정보처리장치는 가장 핵심적인 부분에서 서로 다르다. 인간의 입출력 과정은 기계의 입출력 과정처럼 절대적인 일대일 대응이 아니다.

인간의 뇌는 정보를 선택적으로 선별하며, 유전, 경험, 신념체계에 따라 전혀 예측할 수 없는 결과를 도출하기도 한다. 그 과정에서 논리적으로는 맞지 않는 선택을 하기도 하고, 순간의 감정이나 우연의 영향을 받기도 한다.

기계의 입장에서는 이것이 비효율적이거나 비합리적일 수도 있지만, 인간으로서는 두뇌가 기계와는 다른 선택을 할 수 있기에 '인간성'이 여전히 존재하며, 이런 인간성을 가지고 있기에 인간은 불행을 행복으로 변환시키고, 복수가 아닌 용서를 택할 수 있으며, 증오가 아닌 이해와 사랑을 선택할 수 있는 것이다.

첨단과학의 시대에도 신이 존재하는 이유

학자들은 인간의 두뇌 활동 중에 가장 불가사의한 것 중 하나로 '종교'를 꼽는다. 첨단과학이 발전하고 진화와 우주의 비밀까지 밝혀내고 있는 21세기에도 인류는 여전히 신의 존재를 믿고 종교를 버리지 않는다.

종교는 인간이 직립보행을 하고 도구를 쓰며 신인류로 진화하면서부터 지구상 곳곳에서 생겨났다. 생명을 초월한 그 무언가가 존재한다고 상상하고 그 믿음을 체계화하여 종교로 만든 가장 큰 이유는 미지의 힘으로 인하여 마음속의 불안을 해소하고 공포를 극복하기 위해서였다. 이런 이점 때문에 생물이나 무생물을 숭배하는 토테미즘이나 애니미즘, 죽은 자나 조상을 숭배하는 의식, 여러 신을 신봉하는 다신교, 하나의 신을 믿는 유일신에 이르기까지 인류 역사에 있어서 종교는 어느 문화권에나 존재해왔다.

나아가 미신이 불합리하다는 것을 누구나 아는 오늘날에도 이런 종교만은 여전히 사람들에게 강력한 영향을 끼치고 있는데, 이는 두뇌 과학으로 보자면 외부의 불안을 극복하고 더 효과적으로 생존하기 위한 두뇌의 선택이라고 볼 수도 있을 것이다.

뇌의 행복 영역을 활성화시켜라

두뇌는 늘 행복과 안정을 선호한다. 비단 종교가 아니라도 일상 속에서 과도한 불안과 공포에 치우치지 않도록 신체와 감정을 조절하는 뛰어난 능력을 가지고 있다. 실로 행복하고 평화로운 감정 상태나 고요한 명상

상태에 있을 때, 우리의 두뇌에서는 특정 호르몬이 분비되고 특정 영역이 활성화된다.

그중에서 지극히 평화롭고 행복한 상태에서 발생하는 주파수가 감마파다. 이 감마파가 활성화되는 부위는 흔히 '행복의 영역'으로 알려져 있는 왼쪽 전두엽 부분이다. 전두엽에서 발생하는 감마파는 무아지경에 빠진 수행자에게서도 발생되는데, 이 같은 전두엽 특정 부위의 활성화와 감마파 발생은 두뇌로 하여금 불안과 불확실성을 이겨내게 도와준다.

또한 이러한 두뇌 활성은 깊은 종교적 평화의 상태뿐만 아니라 타인을 이해하고 교감할 때, 하루하루의 생활 속에서 감사한 마음을 가질 때, 다른 사람으로부터 위로를 받을 때, 다른 사람에게 위안을 줄 때, 지금 이 순간 하는 일에 깊이 몰입해 있을 때 더더욱 강해진다.

그러므로 부정적 감정, 비관적 마인드, 타인에 대한 증오, 주변 환경에 대한 불신과 불안을 키우는 것은 결국은 우리 두뇌가 가장 원하지 않는 방향일 것이다.

| 생각해보기 |

● 행복과 중용의 호르몬 세로토닌

두뇌 행복과 가장 큰 관련을 가진 물질은 세로토닌이다. 세로토닌은 뇌의 긴장과 피로를 풀어주는 호르몬으로 일명 행복 물질이라고 불리는데, 특히 편안한 숙면을 유도하는 역할을 한다. 또한 세로토닌은 강력한 스트레스 호르몬인 아드레날린을 중화시켜 마음을 가라앉히는 중용의 호르몬이기도 하다.

평소 우울감에 시달리거나 부정적인 생각이 들 때 마음을 바꾸는 것이 어렵다면 호르몬의 작용에 주목해 이를 활용해보는 것도 좋은 방법이다. 세로토닌 분비를 늘리는 방법은 다음과 같다.

1. 좋은 음식을 잘 씹어먹기
: 세로토닌은 턱 관절을 많이 움직여야 분비된다. 긴장되거나 우울할 때 껌을 씹으면 정서적 안정에 도움이 된다. 미국 메이저리그 야구선수들이 경기에서 긴장될 때 계속해서 껌을 씹는 것도 그 때문이다.

2. 배 속까지 깊이 심호흡하기
: 심호흡은 심박을 안정시켜 마음을 차분하게 가라앉힌다.

3. 즐겁게 걷기
: 평소보다 빠른 보폭으로 허리를 쭉 펴고 5분을 걸으면 세로토닌이 분비되어 15분 뒤에 최고조로 이르게 된다.

4. 몸과 마음으로 사랑하기
: 세로토닌은 행복을 불러 일으키는 호르몬으로 따뜻한 마음을 가지면 자연스레 분비량이 늘어난다.

3. 분노하는 뇌 다스리기

> 당신이 가는 곳마다 사랑을 베풀어라.
> 누구를 만나건 반드시 조금이라도 행복하게 해주고 보내라.
> - 마더 테레사

분노는 자연스러운 감정 중에 하나다. 누구나 화를 낼 수 있다. 그러나 화를 조절하고 다스리는 것 또한 인간이 가진 능력 중에 하나다.

주위를 둘러보면 별 것 아닌 일에 일상적으로 화를 내는 사람들이 있다. 그런 이들은 사회적 관계가 윤택하기 어려울 수밖에 없다. 그런데 이런 사람도 두뇌를 다스림으로써 분노를 잠재울 수 있다면 믿겠는가? 이는 실제로도 가능한 일이다.

우선 증오와 분노로 가득한 사람의 두뇌는 어떻게 변하는지부터 살펴보자. 우리 두뇌에서 분노를 관장하는 부위는 '편도체' 라는 부분이다. 특정 사건으로 분노 감정을 느끼게 되면 이 편도체가 활성화되어 스트레스 호르몬이 과도하게 분비되고 교감신경계가 활발하게 작용하기 시작한다. 이때 교감신경계가 지나치게 활성화되면 혈압과 심장박동수가 올라가고, 호흡이 증가하고, 근육이 경직되면서 외부 반응에 공격적으로 대응할 수 있도록 우리 몸을 준비시킨다. 이때 인체는 자극에 반응할 뿐만 아니라 말이나 행동으로 공격적 행위를 하게 되는데, 이처럼 분노, 화, 불안 같은 감정들이 고조되면 흔히 '통제력' 이라고 부르는 능력이 상실된다. 나아가 분노로 인한 신체 반응이 더 큰 분노 감정을 다시 유발하여 분노의 악순환이 시작된다.

뇌는 분노를 다스릴 능력을 가지고 있다

그럼에도 희망적인 것은 인간의 두뇌는 균형을 지키려는 놀라운 힘을 가지고 있다는 점이다. 일반적으로 '화'는 본능과도 같은 감정이므로 통제하기 어렵다고 생각하는 경우가 많다. 그러나 감정 또한 두뇌의 작용이기 때문에 연습을 통하여 관리할 수 있다.

분노조절장애처럼 화의 감정을 제대로 통제하지 못하는 사람들을 치료할 때 가장 흔히 쓰는 방법이 바로 부교감신경계를 활성화시키는 연습이다. 부교감신경계란 심박을 안정시키는 신경계로서 교감신경계가 심장박동수와 혈압을 고조시켜 흥분이 지나쳐지면 반대로 작동해 심장박동수와 혈압을 낮추고 근육을 이완시킴으로써 균형을 맞춘다. 즉 교감신경계가 지나치게 활성화되면 부교감신경계가 이를 저지하기 위한 작용을 시작하는 것이다.

때문에 갑자기 분노가 치솟거나 극도로 불안하고 공포스러운 감정을 주체하지 못할지라도 의식적으로 모든 행동을 멈추고 천천히 심호흡을 하는 것만으로도 분노나 불안을 다스릴 수 있다. 흔히 분노를 '주체할 수 없는 것', '통제할 수 없는 것' 이라고 표현하지만, 알고 보면 분노도 의지와 연습에 의해 조절하고 통제할 수 있는 셈이다.

그렇다면 부교감신경을 활성화시키는 방법은 무엇일까?

전문가들이 말하는 가장 대표적인 방법은 호흡을 깊고 천천히 하면서, 근육을 의식적으로 이완시키는 연습을 하는 것이다. 이는 자신의 신체를 지배하려 하는 교감신경계에 제동을 거는 것이다. 이러한 연습과 함께, 분노를 유발하는 타인의 언행을 자신에 대한 공격이라고 생각하지 말고 상황을 좀 더 객관적으로 바라보려는 의지와 노력도 필요하다.

| 생각해보기 |

● 흥분의 호르몬 아드레날린

횡단보도를 건너는데 차가 내 앞에서 급정거한다. 차가 나를 덮칠 수도 있었던 위험한 상황이다. 이때 우리 뇌는 부신에 위험을 알리고, 부신은 그에 대한 대응으로 혈류에 아드레날린이라는 호르몬을 방출한다. 아드레날린은 뇌, 심장, 근육을 보강하기 위해 재빨리 혈액 공급을 촉진한다. 심장이 빠르게 뛰고 호흡이 빨라지며 혈당이 증가하면서 신체에 최대의 에너지를 공급한다. 이로써 인체는 순간적인 틈을 얻어 재빨리 인도로 몸을 피하게 된다. 아드레날린이 생명을 구한 셈이다.

하지만 아드레날린은 분노의 호르몬이기도 하다. 싸움이나 증오로 분노가 몰아치면 우리 뇌간에서는 노르아드레날린이 방출된다. 이 호르몬은 아드레날린과 비슷하지만 극도로 화가 날 때나 높은 긴장 상태에서 분비가 활발해진다는 점이 다르다. 이처럼 노르아드레날린이 과다 방출되면 이성의 자리를 분노가 차지하게 되면서 합리적인 대처가 불가능해진다.

4. 공감하는 뇌 : 거울 뉴런

　이처럼 인간의 두뇌는 신비로 가득 차 있지만, 그중에서도 놀라운 세포 작용이 하나 더 있다. 바로 '거울 뉴런' 이다.
　거울 뉴런은 이탈리아의 저명한 신경심리학자인 리촐라티(Giacomo Rizzolatti) 교수가 발견한 것으로 인간의 공감 능력을 상징한다. 그는 원숭이에게 다양한 동작을 시켜보면서 그 동작마다 관련된 뇌의 뉴런 활동상을 관찰하는 중이었다. 그런데 어느 날 리촐라티 교수는 흥미로운 부분을 발견했다. 한 원숭이가 다른 원숭이와 사람의 행동을 눈으로 보기만 했을 뿐인데 마치 자신이 움직이는 것 같은 뉴런 반응을 보인 것이다.
　발달심리학에서도 이 부분이 응용된다. 발달심리학자들은 일찍이 아기가 성장할 때 어른의 행동을 모방한다는 사실을 발견하였다. 그런데 이 능력의 근원을 뇌과학적으로 밝혀낸 결과, 인간의 두뇌에 거울 뉴런이 있음을 밝혀냈다.
　그리고 이 거울 뉴런의 존재를 발견함으로써 인간의 많은 행동들의 원인을 좀 더 과학적으로 설명할 수 있게 되었다. 예를 들어 한 사람이 하품을 하면 마치 전염성이 있는 것처럼 다른 사람도 하품을 하거나, 웃음을 터트리는 사람을 보는 것만으로 자신도 모르게 덩달아 웃음이 나오는 경우도 거울 뉴런의 존재를 말해준다. 또한 운동할 때 시범을 보이는 사람의 동작을 따라하는 순간에도 거울 뉴런이 활성화된다.

작은 행동이 세상을 바꾼다

살펴봤듯이 뇌 속의 거울 뉴런은 원숭이처럼 지능 높은 동물들도 가지고 있다. 하물며 인간의 행동 하나하나는 서로에게 얼마나 큰 영향을 끼칠까?

앞서 이야기한 것처럼 집단 내 한두 사람의 긍정적인 표정과 언어, 행동이 집단 전체를 긍정적이고 생산적인 집단으로 만든다. 이는 단지 막연한 동질감을 넘어 인간의 고유한 두뇌 작용, 즉 남이 한 것에 영향 받고 모방하려는 습성 때문임을 알 수 있다.

미국의 빌리 그레이엄 목사는 다음과 같이 말하였다.

"용기는 전염된다. 용기 있는 사람이 먼저 당당히 나설 때 다른 사람들도 용기 있게 등을 꼿꼿이 세운다."

지금 이 순간 내가 짓는 표정, 오늘 내가 사람들에게 내뱉은 말 한 마디, 내가 한 행동 하나가 거울 뉴런의 작용을 통해 주변을 바꿀 수 있다. 즉, 내 작은 행동이 자신의 삶을 전혀 다른 방향으로 바꾸어 세상을 변화시킬 수도 있음을 잊지 말아야 할 것이다.

| 생각해보기 |

● 긍정의 시너지를 높여라

미국의 모 대학에서 흥미로운 실험을 진행한 적이 있다. 일단은 사람들을 A 그룹과 B 그룹으로 나눈 뒤 일정한 프로젝트를 진행하도록 하고, 두 사람의 실험 관련자를 투입시켰다. A 그룹에는 일상적으로 긍정적인 언어를 사용하는 사람을, B 그룹에는 하는 일마다 투덜거리며 부정적인 언어를 사용하는 사람을 심어둔 것이다. 이후 놀라운 결과가 나타났다. 같은 프로젝트를 진행했는데도 A 그룹은 긍정적인 분위기가 고조되어 높은 성과를 드러냈고, 반대로 B 그룹은 부정적인 분위기가 만연해 낮은 성과를 냈다.

군대에서도 마찬가지다. 긍정의 에너지든 부정의 에너지든 에너지에는 시너지 효과라는 것이 있다. 서로 마주칠수록 그 에너지가 커지는 것이다.

실로 긍정적인 언어 사용이 일상화된 부대는 조직원들의 전체 분위기가 건강할 수밖에 없다. 단순히 긍정적인 언어를 사용하는 것만으로도 성과 면에서 큰 차이가 날 수 있는 것이다.

5. 언어가 생각을 지배한다

> 신이 오늘 하루 우리에게 선사한 8만 6,400초의 시간 중
> 단 1초라도 감사하다는 말을 하는 데 쓴 적 있는가?
> - 윌리엄 워드

　미국의 한 교도소에서 재소자들을 대상으로 어린 시절의 환경에 대하여 조사한 유명한 연구결과가 있다. 절도부터 강도, 폭력행위에 이르기까지 다양한 범죄로 수감된 재소자들의 성장 환경을 조사한 결과 놀라운 사실이 밝혀졌다. 가난이나 결손부모 등 겉으로 보이는 것들보다 더 큰 영향력을 지닌 것이 있었는데, 그것은 바로 언어였다. 재소자들이 공통적으로 어릴 때부터 부모나 양육자로부터 가장 많이 들어온 말은 욕설이나 부정적인 말들이었던 것이다. 그들은 사랑보다는 증오의 언어를 많이 듣고 자랐다. "넌 할 수 있어." "너를 믿는다."와 같은 긍정적인 어휘보다는 "한심한 놈." "넌 역시 안 돼."와 같은 부정적인 어휘를 늘 들어야 했다. 특히 "너 같은 놈은 나중에 감옥에 갈 거야."처럼 극도로 부정적인 자성예언과도 같은 말들을 들은 경우가 많았는데, 이것은 재소자들의 마음에 씻을 수 없는 상처로 남았다. 부모들은 홧김에 던진 말이었겠지만 그러한 말 한 마디가 모여 자녀의 삶과 미래를 바꿔버린 셈이다.

말이 생각을 바꾸고 행동을 지배한다

닭이 먼저인가, 달걀이 먼저인가를 고민하는 것처럼 말과 생각도 불가분의 관계에 놓여 있다고 할 수 있다. 그렇다면 이런 질문을 던져보자. 말이 생각을 바꿀까, 혹은 생각이 말을 바꿀까? 또한, 말하는 대로 생각하게 될까, 혹은 생각하는 대로 말하게 될까?

흔히 머릿속 생각이 먼저이고, 이 생각을 말로 표현하는 것이 나중이라고 생각한다. 그러나 심리학자들은 두뇌 기제는 사실 이와 반대라고 말한다. 생각이 먼저가 아니라 말이 먼저라는 것이다. 즉 우리 두뇌 시스템은 생각한 내로 말하는 것이 아니라 말한 대로 생각한다. 언어중추신경계는 우리 몸의 거의 모든 신경계를 지배하는데, 입에서 나간 말이 언어중추신경계를 지배함으로써 우리 몸 전체를 지배하는 셈이다. 이 같은 시스템을 증명하는 한 가지 실험을 보자. 이는 어휘와 두뇌작용의 상관관계에 대한 심리학 실험이다.

이를테면 '공을 던진다' 라는 문장을 읽는다고 하자. 이때 우리 두뇌에서는 신체가 공을 던지는 행위를 할 때와 정확히 같은 부위가 즉각 활성화된다. 특정한 언어를 읽거나 듣거나 말할 때 우리 뇌는 이미 그 언어대로 행동할 수 있도록 신체에 명령을 내리는 것이다.

결과적으로 생각이 언어를 지배하는 것이 아니라, 언어가 생각을 지배한다. 사람이 파괴적인 행동을 하느냐, 혹은 생산적인 행동을 하느냐는 결국 평소 쓰는 언어에 달려있다고 할 수 있다.

> **'말 → 행동화' 메카니즘**
>
> 말 → 생각(언어중추신경계) → 명령 → 자율신경계 → 행동학
>
> → 반복 → 행동패턴형성 → 삶의 패턴형성
>
> **말(언어)은 생각을 바꾸고 행동을 지배한다**

미국 교도소의 재소자들 연구에서 그들이 어렸을 때부터 부정적인 말을 자주 듣고 자랐다고 하는 것처럼, 실제로 욕설이나 비관적인 언어를 자주 듣고 자란 아이들은 성인이 되어서도 매사에 부정적이고 비관적으로 대응할 가능성이 높다.

반대로 어렸을 때부터 감사하는 말, 긍정적인 어휘, 앞으로의 가능성에 대한 신뢰의 언어를 자주 듣고 자란 아이들은 성인이 되어서도 자신의 삶과 주변 사람들에 대해 감사하고 매사를 긍정적으로 생각하는 습관이 자연스레 몸에 배게 된다.

| 생각해보기 |

● **말 한 마디가 인생을 바꾼다!**

아메리칸 인디언 금언에,

"당신이 생각하고 있는 것을 만 번 이상 반복하면, 당신은 그런 사람이 되어간다."

복싱선수 무하마드 알리,

"나는 나비처럼 날아서 벌처럼 쏘겠다."

"나의 승리는 절반은 주먹에 있었지만, 나머지 절반은 말에 있었다."

탈무드,

"남을 비방하는 것은 살인보다 위험한 일이다. 살인은 한 사람밖에 죽이지 않지만, 비난은 세 사람을 죽인다. 즉 비방하는 자기 자신, 듣는 사람, 비방당하는 사람"

6. 감각과 뇌의 상호작용

아름다운 풍경을 볼 때, 맛있는 음식을 먹을 때, 경쾌한 음악을 들을 때 우리 몸에서는 어떤 반응이 일어날까?

두뇌 메커니즘이 컴퓨터의 정보처리과정과 다른 것처럼, 인간의 감각작용도 기계와는 달리 매우 복잡하고 미묘한 과정을 통해 지각에 영향을 끼친다. 예를 들어 눈으로 사물을 보는 것과 사진기가 사물을 촬영하는 것은 비슷한 것 같지만 사실은 크게 다르다.

밤하늘의 달을 쳐다볼 때를 예로 들면, 인간의 두 눈이 감각하는 것은 달의 빛과 형태이다. 그러나 두뇌에서는 흰 빛과 둥근 형태라고 알아차리는 데 그치는 것이 아니라, '저것은 달이다' 라는 지각이 떠오르게 된다. 이 지각을 가능케 하는 것은 '밤하늘에 희고 둥글게 빛나는 것=달' 이라는 지식과 경험 덕분이다.

즉 인간의 지각 능력은 눈의 감각작용을 통해 받아들인 것을 두뇌가 해석하고 판단하는 것이다.

감각이 판단력을 흐리는 이유

하지만 똑같은 사물이나 상황을 접하더라도 사람마다 반응이 다른 것은 왜일까? 이는 감각에서 지각에 이르는 과정의 차이 때문이다. 예를 들어 누구나 밤하늘의 달을 보면 '희고 둥근 물체'라고 시각적으로 감각한다. 그러나 어떤 사람은 '희고 둥근 물체=달'을 보며 행복할 감정을 느낄수 있고, 어떤 사람은 두려운 감정을 느낄 수 있다. 이는 사람마다 경험이 다르기 때문에 판단과 해석이 달라진 경우다. 똑같은 감각을 가지고도 다르게 지각하는 것이다.

문제는 이 사람마다 다른 해석과 지각작용 때문에 의견 차이나 오해가 발생할 때다. 각자의 경험이나 선입견이 해석의 차이를 낳고 판단력을 흐리게 만드는 것이다.

예컨대 누군가가 나를 보며 걸어오다가 팔을 번쩍 치켜들며 인사를 한다. 어떤 사람은 자기도 반갑게 팔을 들어 인사한다. 그런데 어떤 이는 자신을 때리려고 하는 줄 알고 몸을 움츠릴 수 있다. 각자의 경험과 해석이 다르기 때문이다.

이처럼 똑같은 상황에 처해도 사람들의 반응은 저마다 다를 수밖에 없다. 내가 다른 사람의 행동이 이해 안 될 수도 있고, 반대로 다른 사람들이 나의 반응을 이해하지 못하기도 한다. 같은 상황에서도 누군가는 긍정적이고, 또 누군가는 부정적으로 반응한다.

"생각하는 대로 보인다."

탈무드의 격언이다. 사람은 눈에 보이는 것을 그대로 보지 않고, 생각과 경험을 토대로 바라본다. 타인과의 오해를 풀기 위해서는 이처럼 사람의 감각과 지각이 복잡한 상호작용을 한다는 것을 늘 염두에 두어야 한다. 그래야 그가 왜 나와는 다르게 행동하고 반응하는지를 이해할 수 있게 되며, 이는 타인을 이해하고 소통하는 데 반드시 알아두어야 할 기초지식이 된다.

> **생각해보기**
>
> ● **감각의 개인차 이해하기**
>
> **(예) '팔을 번쩍 드는 행동'을 보았을 때**
>
> → 철수 : 자신도 팔을 번쩍 들며 '어이! 나도 반가워!' 라고 인사함
>
> 민수 : 깜짝 놀라 움찔하며 두 팔로 얼굴을 막으려고 함
>
> → 철수는 왜? : 팔을 드는 동작은 반가움의 표현이라는 경험이 있기 때문
>
> 민수는 왜? : 팔을 드는 동작은 때리기 직전의 행위라는 경험이 있기 때문

7. '긍정'의 놀라운 파급력에는 비밀이 있다

> 우리는 모두 서로 돕기를 원한다. 인간은 원래 그런 존재이다.
> 인간은 서로의 불행이 아니라 행복에 의해 살아가길 원하는 존재이다.
>
> - 찰리 채플린

 찰리 채플린은 〈모던 타임즈〉, 〈위대한 독재자〉 같은 영화들로 지금까지도 전 세계 영화사에서 손꼽히는 인물이다. 작은 중산모에 우스꽝스러운 콧수염, 헐렁한 바지와 커다란 구두, 지팡이를 든 차림. 우리가 잘 알고 있는 찰리 채플린의 트레이드마크다.

 이처럼 엄청난 성공을 누렸지만, 찰리 채플린의 어린 시절은 고난의 연속이었다.

 술주정뱅이였던 아버지는 채플린이 어릴 때 가족을 떠났고, 무명배우였던 어머니는 후두염으로 목소리를 잃은 후 정신병원에 입원했다. 찰리 채플린은 배다른 형제와 의붓아버지 밑에서 극심한 가난에 시달리며 빈민구호소에서 끼니를 해결해야 했다. 그나마 의붓아버지마저 사망하면서 그는 사실상 고아나 다름없는 성장기를 보냈다.

 그럼에도 그는 좌절하지 않았다. 그에게는 한 가지 자신이 있었다. 부모로부터 물려받은 연기에 대한 재능과 열정이었다. 그는 지독한 가난을 뚫고 배우로 성공하기 위해 노력했고, 결국 빈민가의 소년에서 세계 최고의 희극배우가 되었다.

긍정성은 전염력이 강하다

영화 〈위대한 독재자〉를 통해 찰리 채플린이 풍자한 독재자 히틀러는 1889년 4월생인 채플린과 동갑내기다. 심지어 히틀러가 채플린을 흉내 내 콧수염을 길렀다는 설도 있을 정도다. 하지만 그 외에도 두 사람의 인생역전은 여러모로 닮아 있다. 히틀러 역시 채플린처럼 어린 시절에 지독한 가난을 겪었다. 또한 채플린과 마찬가지로 타고난 예술가적 감수성도 있었다.

그러나 세월이 지난 후 한 사람은 전 세계인에게 웃음과 희망을 준 희극배우가 되었고, 다른 한 사람은 전 세계를 비극과 참화로 몰아넣은 광기의 독재자가 되었다. 무엇이 이들의 인생을 백팔십도로 달라지게 했을까?

여러 이유가 있겠지만, 인간에 대한 깊은 애정과 삶에 대한 긍정성이 히틀러의 것이 아니었던 것은 분명해 보인다. 그는 사람을 한낱 개조와 파괴의 대상으로 봄으로써 폭력과 비극을 전파하는 인물이 되었다.

반면 삶에 대한 긍정과 희망을 잃지 않았던 채플린은 웃음과 긍정성을 전 세계에 전파하는 인물이 되었다.

두 사람의 사례에서도 볼 수 있듯이 비극을 막을 수 있는 인간의 본성은 오직 긍정성뿐이다. 특히 긍정성은 그 자체로 힘이 강할 뿐 아니라 또한 가지 장점을 가진다. 바로 전파력이 매우 강하다는 점이다. 사람들이 모인 집단에서 밝고 긍정적인 사람이 한두 명만 있어도 그 집단 전체의 분위기가 훨씬 밝아지는 것도 이런 긍정성의 전염성 때문이다.

마음은 서로에게 영향을 끼친다

그렇다면 어째서 한 사람의 긍정적인 마인드가 주변의 다른 사람들에게도 영향을 끼칠 수 있는 것일까? 다음은 긍정성이 어떻게 전염성을 가지는지, 긍정성의 효과는 무엇인지 다섯 가지 이유를 열거한 것이다. 나의 조직이나 주변과 비교해 살펴보도록 하자.

첫째, 사람들은 자신이 독립적이고 개별적인 존재라고 생각하지만 사실은 주변 사람들의 감정 상태에 큰 영향을 받는다. 부정적이고 침울한 감정은 주변 사람들과 집단 전체까지 부정적으로 만들고, 반면 긍정적이고 행복한 감정은 집단 전체의 분위기를 밝게 만든다.

둘째, 긍정성을 지닌 집단은 의사소통이 원활하여 문제해결력과 판단력이 향상되고 위기상황을 극복하는 능력이 뛰어나다.

셋째, 긍정적인 마인드를 지닌 구성원이 많은 집단은 협동심이 좋아져 위기상황을 타개하는 잠재력이 커진다.

넷째, 사람은 부정적인 마인드를 지녔을 때보다 긍정적인 마인드를 지녔을 때 창의력과 판단력, 생산력이 훨씬 높아진다.

다섯째, 긍정성을 지닌 구성원이 많을수록 다른 구성원에 대한 분노,

적개심, 공격성이 줄어들고 상호 간에 더 많이 이해하게 되며 역지사지로 생각할 수 있게 된다.

"인간은 원래 서로 돕기를 원하는 존재"라는 진리를 믿었던 찰리 채플린처럼, 한두 사람의 행복하고 긍정적인 마음가짐이 집단 전체의 분위기와 성과, 미래까지 바꿀 수 있다.

| 생각해보기 |

● 주변 사람의 '자기 위로 기능'을 높여라

인간의 정신 기능에는 '자기 위로 기능(Self soothing capacity)'이 있다. 이 기능은 힘겨운 상황 속에서도 자신에게 위로가 되는 상황을 포착해 긴장을 풀고 상처를 회복시키는 능력이다. 이 자기 위로 기능이 강한 사람은 남도 잘 위로하는데, 이런 면에서 자기 위로 기능은 집단 생활에서 중요한 정서적 기능을 한다고 볼 수 있다.

예1) 대학 입시에서 떨어지고 낙심하는 아들에게 엄마는 괜찮다는 듯 밝은 표정을 지어준다. 엄마가 직접적으로 위로해주지는 않지만 아들은 엄마의 표정에 안심하고 힘을 얻는다.
예2) 실연을 당해 슬퍼하는 딸을 본 아버지가 "이런 나쁜 녀석이 있나, 감히 내 딸을 울려? 내가 그놈을 늘씬 때려주고 와야겠다!"고 큰 소리를 친다. 딸은 오히려 아버지의 분노가 고맙고 위로가 된다.

바로 이 작은 위로들이 마음에 쌓이면 자기 위로 기능이 된다. 위로는 크건 작건, 직접적이건 간접적이건 긍정적인 영향을 미친다. 주변에 슬퍼하거나 의기소침해 보이는 이들이 눈에 띄지만 직접적인 위로를 건네기 어렵다면, 소박하고 작은 위로로 상대의 마음을 어루만져보자.

8. 시련을 행운으로 바꾸는 비결 : 회복탄력성

　흔히 시련과 역경을 극복하기 위해서는 개인의 의지가 중요하다고 말한다. 하지만 그런 의지도 절로 생기는 것은 아니다. 매일 꾸준하고 지속적으로 운동을 해야만 근육이 생겨 소위 '몸짱' 이 될 수 있는 것처럼, 우리 마음에도 일종의 근력이 있어서 단련하면 할수록 단단해져 시련을 이겨낼 힘이 키워지는데, 이처럼 역경을 이겨내는 '마음의 근력' 을 지칭하는 말이 '회복탄력성' 이다.

회복탄력성은 역경도 행운으로 바꾼다

　김주환의 저서 〈회복탄력성〉에 의하면 역경으로 인해 나락으로 떨어졌다 하더라도 강한 회복탄력성이 있다면 원래 있었던 위치보다 더 높은 곳까지 튀어오를 수 있다고 한다. 실패를 성공의 원동력으로, 오늘의 아픔을 내일의 기쁨의 원천으로 삼을 수 있다는 것이다.

　실로 전문가들은 마음의 근육도 몸의 근육처럼 체계적이고 반복적인 훈련을 통해 키울 수 있다고 말한다. 인체의 면역력과 기초체력을 평소에 다져놓으면 바이러스나 각종 질병을 이겨낼 수 있는 것처럼 평소에 마음을 단련하여 회복탄력성을 키워놓으면 인생의 역경과 시련이 닥쳤을 때 이겨낼 수 있는 힘이 생긴다는 것이다.

게다가 이 회복탄력성은 한 단계 발전하는 계기를 만들어주기도 한다. 심리학에서는 이 회복탄력성을 '정신적 저항력' 즉 '스트레스나 역경에 대한 정신적인 면역성' 이라고 칭한다. 부연하면 '내적, 외적 자원을 효과적으로 활용할 수 있는 능력', '역경을 성숙한 경험으로 바꾸는 능력', '곤란에 직면했을 때 이를 극복하고 환경에 적응하여 정신적으로 성장하는 능력' 이라고 할 수 있는데, 이는 오히려 위험을 통해 성장하는 능력을 말한다.

회복탄력성이 높은 뇌 vs 낮은 뇌

최근 뇌과학 분야의 연구에 의하면, 역경을 희망으로 바꿀 수 있는 회복탄력성이 강하면 예기치 못한 상황에 처했을 때 자신의 실수를 민감하게 모니터링해 낯선 외부 자극에 적응해 나간다고 한다. 회복탄력성이 높은 사람의 뇌는 인지신경적으로 외부 시련에 더 민감하게 반응하고 잘 대처한다는 것이다.

그런 사람들은 반복적인 실수도 재빨리 알아차리고 피드백을 적극적으로 받아들이며, 새로운 실수나 시련을 두려워하지 않는다. 이는 실패나 실수에 대해 매우 긍정적인 태도를 의미한다. 즉 실수를 두려워하는 것이 아니라 이를 인정하면서도 실패를 줄일 수 있도록 다시 도전하는 것이다.

그렇다면 회복탄력성이 낮은 사람의 뇌는 어떨까?

회복탄력성이 낮은 사람의 뇌는 실수를 과도하게 두려워하는 경향이 있다. 때문에 실수나 실패를 기피하거나 외면하는데, 때문에 현실을 인정하고 새롭게 도전하려는 경향도 낮다. 결국 시련이 닥칠 때마다 전보다 더 두려워하는 마음이 커져 같은 실수와 실패를 반복하게 된다.

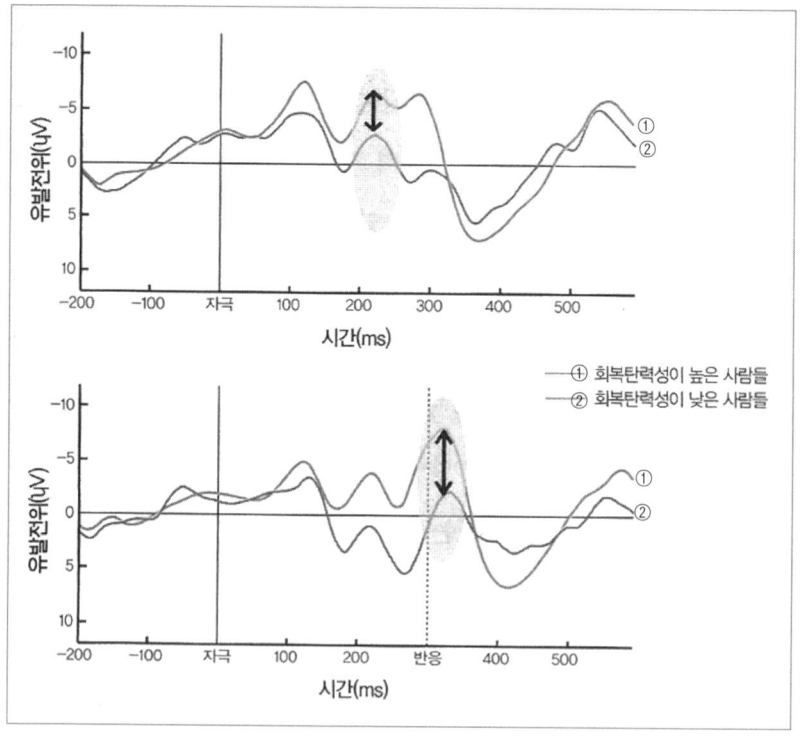

회복탄력성이 높은 사람과 낮은 사람의 진폭 그래프

한 예로 바람을 타고 춤을 추는 연은 강한 바람이나 역풍이 불 때 오히려 바람을 타고 높이 날아오른다. 마찬가지로 회복탄력성이란 바닥까지 떨어진 사람이 그 바닥에서 주저앉는 것이 아니라 오히려 바닥을 치고 다시 튀어오를 수 있는 힘을 뜻한다고 볼 수 있다.

  사실상 실패와 실수를 매번 피해가기는 어렵다. 현대사회는 매일 복잡한 자극과 과제들이 밀어닥친다. 여기서 매번 성공할 수 만은 없는 노릇이며, 중요한 것은 실수를 했더라도 그것을 이겨내려는 마음이다. 따라서 건강한 신체를 만들기 위해 매일 조금씩 근육과 체력을 키워가야 하는 것처럼, 마음의 회복탄력성도 꾸준한 단련에 의해 키울 수 있다는 점을 믿어야 한다. 꾸준히 마음의 힘을 키워나가는 노력이 필요할 때다.

| 생각해보기 |

● 잠재의식 이용하기

잠재의식은 대뇌의 복잡한 연합들에서 교신과 연상, 연합이 자유롭게 이루어지면서 생겨난다. 그때까지 독립적이고 관계없던 무의미한 조합들이 의식의 참여 없이 연결되어 하나의 위대한 창조를 이뤄내는 것이다.

잠재의식의 창고를 가득 채우는 일이야말로 두뇌의 회복탄력성을 높이는 일이 될 수 있다. 뇌가 즐겁게 그 일을 하고 성공의 이미지를 무의식 속에 쌓아갈 수 있도록 다양한 경험을 지속하는 것이다.

-독서 : 독서는 다른 사람의 지식과 경험을 공유하는 최고의 방책이다. 끊임없는 공부와 배움을 통해 우리의 잠재의식은 더욱 풍부해진다.

-연상 : 좋은 이미지를 꾸준히 연상하는 것은 그 이미지를 잠재의식 속에 확고하게 만드는 일이다. 자신이 성공하는 모습을 구체적으로 그려보고 이를 확신할수록 뇌는 행복해지고, 성공의 가능성도 높아지게 된다.

-목표설정 : 원하는 목표를 구체적으로 설정하는 일은 도전과 성취라는 긍정적 실천과 경험을 유발하고, 이렇게 쌓인 경험은 우리의 잠재의식에 축적되어 내면을 변화시키게 된다.

| 아하 그렇구나! | **분노, 휴식, 감사 때의 심장박동 변화** |

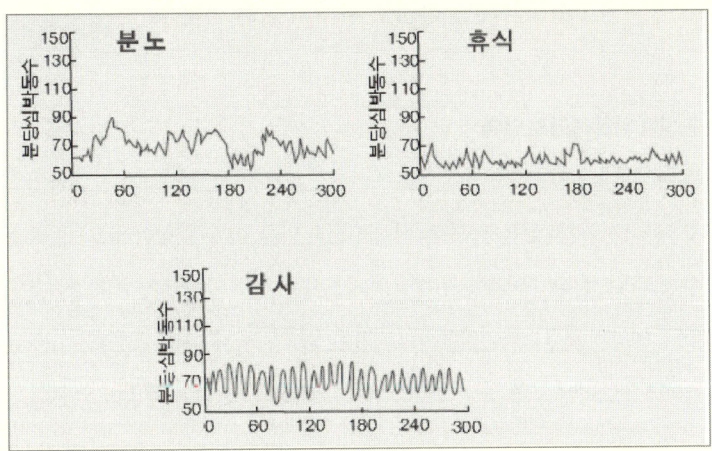

▲ 긴장을 완화하는 휴식 때보다도 감사하는 마음을 유지할 때 심장박동의 변화가 고르고 규칙적이 된다. 심장박동의 변화주기를 Hz로 나타내면 감사할 때 0.1Hz 정도가 된다. 이때 몸의 건강 상태와 뇌의 학습능력 역시 최적화된다.

"사람의 마음과 몸을 최상의 상태로 유지시켜주는 것은 긴장을 푸는 명상이나, 기분 좋은 일을 생각하는 것보다 감사하는 마음이다. 감사하는 마음이야말로 긍정심리학이 지향하는 최선의 마음 상태다. 긍정성 향상을 위한 마음의 훈련을 한다면, 감사하기 훈련이 최선이라는 뜻이다. 류보미르스키 교수팀은 감사하기 훈련을 6주간 실행했는데 한 그룹에서는 매주 한 번씩 감사일기를 적게 했으며, 다른 그룹에서는 3주에 한 번씩 적게 했다. 그 차이 역시 컸다. 3주에 한 번씩 감사일기를 기록한 집단에서는 아무런 효과가 발견되지 않았으며, 오직 매주 감사일기를 쓴 집단에서만 긍정적 효과가 발견되었다. 이러한 결과는 행복을 가져오는 의도적인 노력은 규칙적으로 자주 습관이 되도록 해야 할 필요가 있음을 알려준다."

(출처 : 〈회복탄력성〉(김주환 저) 중에서)

이거 알아요!

시각장애인 강영우 박사의 삶을 비춘 빛

너무 일찍 닥친 불행의 연속

어린 나이에 불의의 사고로 하루아침에 시력을 잃게 된 시각장애인이자 한국인 최초로 미국 백악관의 정책차관보가 된 입지전적 인물, 이 두 문장이 동일인물을 설명한 것이라고는 믿기 어려울 것이다. 위에 묘사한 인물은 후천적인 시각장애를 딛고 미국 백악관 차관보(국가장애위원장)가 된 강영우 박사(1944~2012)다. 1944년 경기도에서 태어난 그는 10대 초반의 어린 나이에 축구공에 눈을 맞아 두 눈의 시력을 잃고 말았다. 불행은 여기서 그치지 않았다. 비슷한 시기에 부모님과 누나를 연달아 여의고 고아가 된 그는 그야말로 좌절과 시련의 시간을 보내야 했다. 그럼에도 그에게는 신앙이라는 한 줄기 빛이 있었다. 경건한 신앙생활을 통해 자신의 존재 가치를 깨달은 그는 피나는 노력으로 연세대를 차석으로 졸업했고, 1972년에는 원대한 꿈을 품고 미국 유학길에 올라 피츠버그 대학원에서 교육학으로 석사와 박사 과정을 마쳤다. 한국인 최초의 시각장애인 박사가 탄생하는 순간이었다.

시력을 잃은 대신 더 큰 세상을 보다

2001년, 강영우 박사는 한인 역사상 최고 고위직이던 백악관 국가장애위원회 정책차관보로 발탁되었다. 이후로도 그의 활동은 멈추지 않았다. UN 세계장애위원회 부의장과 루스벨트 재단 고문 등을 역임하는가 하면, 2006년에는 루즈벨트 재단 선정 '세계를 움직이는 위인 127인'에 등재되었다. 또한 백악관의 종교 및 사회봉사 부문 자문위원으로 두터운 신임을 받으며 전 세계 장애인의 복지와 인권 향상에 노력을 쏟았다. 이 같은 그의 삶은 2012년 췌장암으로 별세한 후 그의 자서전이 드라마와 영화로도 만들어질 정도로 전 세계의 수많은 사람들, 특히 장애인들에게 큰 감동을 주었다. 이런 아버지의 삶은 아들들에게도 영향을 주었다. 그의 큰아들 강진석은 하버드대학 의대를 졸업한 뒤 안과 의사로 살아가고 있으며, 작은아들 강진영은 시카고대학 법대 졸업 후 오바마 행정부의 백악관 법률특보로 활동하였다.

나의 장애는 축복이었습니다

성경 구절에 이런 말이 있다.

'하나님이 자기 형상, 곧 하나님의 형상대로 사람을 창조하시되 남자와 여자를 창조하셨다.' (창1:20) 그는 이 성경 구절처럼 '내가 비록 장님이 되었지만, 나는 하나님의 형상대로 창조된 존귀한 사람'이라고 믿었다. 어린 나이에 시력을 잃고 고아가 된 그가 자신의 삶을 개척해 오히려 다른 사람들에게 희망을 줄 수 있었던 것도 외적 조건과 상관없는 건강하고 강인한 자존감을 가졌기 때문이다.

강영우 박사의 삶은 시련, 심지어 앞을 보지 못하는 신체적 장애조차도 인생의 걸림돌이 될 수는 없는 것임을 보여준다. 오히려 장애와 역경이 '축복'이었다고 말하는 그의 이야기를 통해 '굳건한 자존감'의 놀라운 힘이 어떤 것인지를 알 수 있다. 다음은 자서전에서 그가 자신의 장애를 언급한 부분이다.

"하나님은 내 눈을 어둡게 하심으로 세상을 밝게 비추는 삶을 살게 하셨다. 나는 보지 못하나 세상이 보지 못하는 것을 볼 수 있고, 나의 장애는 불편함일 뿐 결코 저주와 고통이 아니었다. 그것은 축복 그 자체였다." (강영우 저 〈내 눈에는 희망만 보였다〉 중에서)

오직 희망과 감사할 점만을 바라보며 살아간 그는 정상적인 눈을 가진 사람들보다 더 귀한 것을 본 사람이었을 것이다.

5장

배움을 통해
자존감 회복하기

> 가장 지혜로운 사람은 배우는 사람이고,
> 가장 강한 사람은 자신을 이기는 사람이다.
> 그리고 가장 행복한 사람은 항상 감사하며 사는 사람이다.
> - 탈무드

잠깐만! 요약해서 먼저 들여다보기

지금 이 순간을 행복한 인생의 무대로 만들 수 있는 방법은 무엇일까?
생각을 바꾸고 언어를 바꾸고 행동을 바꾸기 위해
가장 필요한 것은 무엇일까?
한 사람을 크게 변화시키는 것은 어디까지나 배움의 연장선상에서
이루어진다.
자존감을 향상시키고, 긍정적인 언어습관을 실현시키며,
감사의 태도를 배우는 것도 다양한 배움과 훈련 속에서 이루어진다.
다음은 행복한 삶, 감사하는 삶을 영위하기 위한 결정적인 3가지
훈련들이다.
차근차근 따라 해보도록 하자.

1. 마음과 마음이 연대하는 자존감 회복은 이렇게

지난 2014년 강원도 군부대에서 총기 난사 사고가 벌어졌다. 임 모 병장이 총기로 12명의 사상자를 낸 것이다. 2005년과 2011년 총기난사 사고에 이은 대형 참사였다.

이 사건으로 국민들은 큰 충격을 받았다. 군에 아들을 보낸 부모들의 불안감도 이루 말할 수 없었다. 문제는 당시 대부분의 언론들의 보도였다. 대부분은 뉴스의 초점을 '왜 군에서 A급 관심병사를 제대로 관리하지 못했는가?', '왜 그에게 총기를 지급하였는가?' 등에 군을 질책하는 데 몰두했다.

물론 맞는 말이며, 군은 그 모든 질책들을 달게 받아야 할 것이다. 또한 재발 방지를 위한 획기적인 방안을 찾고 실천해야 할 것이다. 그러나 한편 모든 책임을 군의 '관리부실'로만 돌려 사건 규명이 흐지부지된다면 그 또한 최선의 해결책이라고는 하기 어려울 것이다. 관리부실 문제도 개선해야 하지만, 근본적인 원인부터 돌아보는 것이 문제 해결의 단초가 되기 때문이다.

임 병장의 변호사는 그를 전형적인 '현역복무 부적합자' 대상이라고 언급한 바 있다. 또한 임 병장의 유서에는 선임과 후임들로부터 인정을 못

받고 따돌림을 당해 부대생활이 힘들었던 심정이 담겨 있었다.

하지만 보통은 이런 상황들만으로는 결코 다른 사람을 해하지 않는다. 그렇다면 도대체 무엇이 임 병장을 'A급 관심병사'로 만들고 심지어 돌이킬 수 없는 선택을 하게 만들었을까?

우리나라는 2013년 기준으로 세계 선진국 순위 12위, 세계 경제력 순위 15위에 올랐을 만큼 급속한 발전을 이루었다. 반면 행복지수는 전 세계 41위, 자살로 인한 사망률은 OECD 국가 중에서 가장 높다. 또한 우리나라의 2013년도 고소·고발 건수는 약 70만 건으로 해마다 증가하고 있는데 이는 가까운 일본의 수십 배에 달하는 수치다.

국가인권위원회가 2012년 11월에 발표한 '군복무 부적응자 인원상황 및 관리에 대한 실태조사(이하 군복무 부적응자 실태조사)'도 비슷한 상황이다. 이에 따르면 병사의 7.9%, 간부의 2.8%가 간이정신진단검사 상에서 부적응(이하 '군대 부적응자')으로 나타났고 평균 증상 개수는 3.67개로서 공포증, 정신증, 강박증 등이 상대적으로 높은 비율을 보인 것으로 드러났다.

나아가 이 모든 통계자료들을 면밀히 살펴보면 한 가지 중요한 사실을 알 수 있다. 관심병사는 단순히 하루아침에 발생한 문제가 아니라 좀 더 깊은 사회적인 뿌리를 갖고 있는 문제라는 점이다.

'관심병사'는 갑자기 생기지 않는다

상처받은 젊은이들에게 군대문화라는 특수한 상황은 폭력적으로 다가올 수밖에 없다. 군에 여전히 잔존한 가혹행위, 폭언이나 폭행, 신체 일부에 대한 장난이나 인격적 모욕의 행위, 부당한 얼차려, 사적인 심부름 등 구시대적 사고와 행동이 만연해있는 모습 등이 심각한 사고의 원인이 될 수 있다.

이런 면에서 군대를 억압과 폭력의 장으로 인식하는 경우도 많지만, 사실 군대는 '제 자리에서 제 역할을 수행'하는 원칙을 지키는 것만으로도 얼마든지 건강하고 합리적인 문화를 만들 수 있는 곳이기도 하다. 문제는 이 기본 원칙을 지키지 않는데서 시작된다. 자기 역할을 방치하고 타인에게 업무를 전가하는 풍토, 이기적인 성향, 병사를 병사가 아닌 '노예'로 여기는 잘못된 사고방식이 군대를 비합리적인 곳으로 만든다.

필자는 이런 면에서 '군대 부적응자'와 '청소년 정신장애', '자살자' 간의 상호 연관성에 주의를 기울여야만 문제의 해결방안을 찾을 수 있다고 생각한다. 실제로 '청소년 정신장애'는 우리 사회의 '자살자' 증가에 직접적인 영향을 미쳐왔다. 전문가들은 '청소년 정신장애' 유병률을 심층적으로 깊이 들어가 보면 문제 청소년들 뒤에는 예외 없이 문제부모들이 있다고 진단한다.

과도한 입시경쟁과 부모의 욕심으로 빚어진 잘못된 양육 태도(꾸중과 비판, 남들과의 비교, 언어폭력, 인격모독, 부정적인 평가 등), 증가하는 가정불화와 가정폭력 등으로 인하여 가정 해체가 증가해 왔고 그 결과 자살률도 급증했다.

　동시에 이런 상황에 놓인 자녀들의 자존감도 형편없이 무너지고 있다. 상처 받은 아이들은 어릴 때부터 이미 자신이 무능하고 가치 없는 사람이라고 믿게 되었다. 사실상 군에서 'A급 관심병사'로 분류되기 전에 이미 그는 어느 학교의 'A급 관심학생', 어느 가정의 'A급 관심아들'이었을 것이다. 즉, 군대에서의 문제들을 이해하려면 단순히 표면적인 문제들뿐만 아니라 이런 총체적인 이해가 필요하다.

　해결책은 어쩌면 단순하다. 지금부터라도 이런 근본적인 원인들을 깊이 성찰하여 가정과 사회와 학교에서부터 'A급 관심학생'과 'A급 관심아들'에 대해 정신과적인 치료 체계를 제공해야 한다. 또한 이 모든 사태가 결국 가정의 책임, 어른의 책임, 부모의 책임, 군의 책임, 학교의 책임 모두로부터 비롯된다는 사실을 인지해야 한다.

치유와 개선은 얼마든지 가능하다

　몸에 생긴 상처도 시간이 지나면 새살이 돋듯이 마음의 상처도 얼마든지 치유할 수 있다. 군대에서의 문제도 마찬가지이다. 군의 입장에서는 기왕에 군에 입대한 '관심병사들'의 마음의 병을 어떻게 해야 효과적으로 관리하고 치유해줄 수 있을 것인지를 지속적인 과제로 인식해야 한다.

　또 한 가지, 과거의 관심병사가 갖고 있던 마음의 병과 지금의 관심병사들이 가진 마음의 병이 다르다는 점도 알아야 한다. 과거 관심병사들의 고통은 대체로 집안의 가난, 이성교제, 가정불화 등이 주요 원인이었다. 그러나 요즘은 문제 수준도 심각해지고 원인도 복잡해져서 일정 부분은 전문적이고 정신과적인 치료가 필요한 경우도 많다. 물론 정신과적 치료를 제공한다고 무작정 맡겨 두고 끝나는 것이 아니라 군 전체, 사회 전체의 인식 전환이 요구된다.

심리학자 레이먼드 주니어에 의하면 학대받고 자란 어린아이들의 25~35%가 성인이 된 후 자기 자식을 육체적 또는 성적으로 학대한다고 한다. 더욱이 부부간 폭력을 보고 자란 아이들의 40%는 성인이 되어서 자신의 부모와 동일한 행위를 반복한다. 그렇다면 나머지 60%는 어떨까?

놀랍게도 이 60%에 대한 연구 결과는 예상 밖이다. 그들은 폭력을 보고 자랐음에도 불구하고 성인이 되어 평범하거나 오히려 훨씬 더 성공적인 성인기를 보냈다. 그렇다면 여기에서 '60%'의 아이들이 건강한 성인이 될 수 있었던 이유는 무엇일까? 그것은 주변에서 자긍심을 키워준 최소 한 명 이상의 '멘토'가 있었기 때문이다.

또 다른 예로 말콤 글래드웰의 〈다윗과 골리앗〉이라는 저서에 소개된 내용을 보자. 역사학자인 루실 이레몽거는 19세기 초부터 20세기 중반까지 영국 총리들의 역사를 썼다. 어떤 배경과 자질을 가진 사람들이 번성기 무렵의 영국 총리가 되었는지를 연구했고, 그 결과 '67%가 열여섯 살이 되기 전에 한 부모를 잃었다.'는 사실을 발견했다. 이 수치는 같은 기간에 부모를 잃은 다른 영국 상류층 비율의 대략 두 배였다.

미국 대통령들 사이에서도 동일한 패턴이 나타났다. 조지 워싱턴부터

버락 오바마에 이르기까지 '44명의 대통령 가운데 12명이 젊었을 때 아버지를 잃었다.'

성장기에 아버지나 어머니를 잃는다는 것은 아이들에게 일어날 수 있는 가장 파괴적이고 비극적인 결핍이다. 그러나 어떤 상황에서는 이 결핍과 상실이 오히려 인생의 긍정적인 동인이 될 수 있었음을 많은 사례들이 증명하고 있다.

군에서의 모든 문제의 해결책도 같은 맥락이다.

자신이 왜 낮은 자존감을 형성할 수밖에 없었는지 성찰의 시간이 주어져야 하고, 상처 받은 환경을 적극적으로 수용하고 이해하도록 유도해야 한다.

이러한 '자기 수용 과정'이 없이 그저 '무조건 군 생활에 적응하라.' '시키는 대로 하라.'라고만 강요한다면 내적 갈등이 유발되고 결국 부적응 현상이 재발될 수 밖에 없다. 그렇다면 이 자기 수용 과정의 첫 단계는 무엇일까? 앞서도 강조했듯이 그것은 자존감을 세우는 일에서부터 시작되어야 한다.

2. 목표는 '자존감 향상' 이다

> 우리가 가진 것 때문에 감사하는 것이 아니라,
> 우리가 된 것 때문에 감사한다.
> - 헬렌 켈러

지금까지 우리 군에서는 '존중과 배려' 를 실천하자는 구호를 계속 외쳐왔다. 그동안 군에서 일어난 폭력 문제나 관심병사 문제, 총기 사고 등을 근본적으로 해결하려면 부대원 상호 간에 존중과 배려를 실천하고 이것이 군 전체의 보편적인 문화로 자리를 잡아야 한다는 문제 인식 때문이었다.

그러나 '군복무 부적응자 실태조사' 에 따르면, '군대 부적응자들' 은 현재 군에서 시행하고 있는 다양한 부대 관리 제도가 자신들에게 거의 도움이 되지 않는다고 생각하거나, 그 효과가 피부에 와 닿지 않는다고 생각하는 경우가 많았다. 그 이유는 무엇일까?

현재 군에서 실시하는 '병영생활 전문 상담관 제도', '관심병사 제도', '비전캠프', '그린캠프' 같은 제반 관리제도 등의 취지와 목적은 본래 훌륭한 것이다. 그러나 필자는 지금까지의 여러 제도들을 좀 더 보완해야 할 필요성을 절감하게 되었다. 바로 장병들의 '자존감' 을 높이는 데 보다 근원적 목표를 둬야 한다는 점이다. 이 좋은 제도들이 제대로 정착되지 못한 것은 본질적으로 '자존감'이라는 거울로 스스로를 성찰해 볼 기회, 또한 장병 개개인의 자존감이 높아야 서로 간에 존중과 배려를 할 수 있다는 개념이 부족했기 때문이다. '존중과 배려하기' 플랜카드를 아무리 걸어놓아도 그것이 구호에 그치고 지속성을 얻지 못한 채 사실상 실패했던 것도 그 때문이었다. 요약하자면, 장병들의 군 생활을 질적으로 향상시키는 과정은 사실상 '자존감을 회복하는 과정'이 되어야 한다.

자존감의 다양한 의미 알기

그렇다면 자존감이란 무엇일까?

자존감(自尊感, Self-esteem)이란 '자기존중감', 즉 '스스로 사랑하고 존중하고 존귀하게 여기는 마음'으로 미국의 의사이자 철학자인 윌리엄 제임스가 1890년대에 처음 사용하였다. 자존감은 정신건강을 평가하는 가장 중요한 척도로 여겨지는데, 인간의 정신건강은 결국 자신을 건강하게 지켜내는 마음의 힘에 기반하기 때문이다. 자존감은 구체적으로 다음과 같은 마음들로 구성되어 있다.

- 자기가치감 : 자신이 사랑받을 가치가 있는 소중한 존재라고 여기는 마음
- 자기만족감 : 자신이 처한 상황이나 능력(키, 외모, 학력, 배경 등)에 대해 스스로 만족하고 타인에게 부끄럼 없이 드러낼 수 있는 마음
- 자기효능감 : 어떤 상황에 닥쳤을 때 걸맞고 적절한 행동을 할 수 있다는 기대와 신념. 캐나다의 심리학자 앨버트 밴듀라(Albert Bandura)가 최초로

> 제시함.
> - 자신감 : 스스로 노력하면 자신의 꿈을 이룰 수 있는 잠재력이 있다고 여기는 마음
> - 긍정적이고 건강한 자아상을 만들어낼 수 있는 힘을 가진 마음
> - 앞날에 대한 밝은 전망을 만들어 낼 수 있는 마음
> - 자신과 타인을 행복하게 만드는 마음

보다시피 자존감은 자신을 존중하고, 희망을 바라보고, 타인을 배려하는 등 여러 요소들이 결합되어 생성되는 만큼 다양한 경험들과 인식들 속에서 완성된다.

또한 이처럼 다양한 요소들이 강력하게 결합되어 생기는 만큼 한 번 튼튼하게 구성된 자존감은 쉽게 무너지지 않는다. 자존감을 회복하는 일은 결국 무너진 집을 더 튼튼하게 보수하는 일과 같은 것으로 도전해볼 만한 충분한 가치가 있다.

자존감 회복을 위한 핵심 3요소

건강하고 높은 자존감을 가진 사람에게는 공통적인 특징이 있다. 스스로를 소중한 존재로 인식하고 조건 없이 자신의 있는 그대로를 받아들인다는 점이다. 또한 자신이 가지지 못한 것, 자신에게 결핍된 것 때문에 스스로를 비하하지 않으며, 남들과 비교하지 않으므로 불필요한 열등감도 가지지 않는다. 또한 자신을 사랑하는 만큼 다른 사람도 자신과 동등한

수준으로 존중하고 배려한다.

만일 이처럼 자존감 높은 구성원들이 모인 조직은 어떨까? 그곳이 설사 군대라 할지라도 지금과는 확연히 다른 모습일 것이다. 때문에 필자는 군 실무경험을 바탕으로 자존감 회복을 위한 3가지 핵심 교육을 제시했는데, 이는 '관심병사들'을 포함하여 전 부대원들을 대상으로 한 것이었다. 다음은 그 3가지 핵심 교육을 요약한 것이다.

① 자존감 훈련 : 긍정적인 자아상을 갖고 자존감 높이기
② 긍정이 언어 : 긍정적인 언어로 표현하는 습관 기르기
③ 감사 습관 : 감사하는 삶을 살기

보다시피 자존감 회복의 과정에서 꼭 필요한 요소들은 '긍정적인 자아상, 긍정적인 언어, 감사하는 삶' 등으로 이루어져 있다. 그렇다면 우선 긍정적인 자아상부터 보도록 하자.

건강한 자아상이란?

낮아진 자존감을 회복하기 위해 가장 먼저 해야 할 일은 '건강한 자아상'을 갖는 것이다. 긍정적인 자아상을 확립시키면 삶에 대한 태도와 습관, 언어를 변화시킬 수 있기 때문이다.

그렇다면 자아상(자화상)이란 무엇일까? 자아상이라고 하면 흔히 '현재 자신의 모습'을 떠올리지만, 사실상 자아상이란 '미래의 자신에 대한

이미지'라고 할 수 있다. 즉 자아상은 미래와 긴밀하게 연결되어 있다.

이런 상황에서 자아상이 부정적이면 어떨까? '병든 자아상'은 "나는 할 수 없을 거야."라고 자신에게 부정적이고 열등한 이미지를 갖는 것이다. 이런 부정적인 이미지를 갖는 것만으로도 사람은 사기가 하락하고 의지가 꺾여 자신의 능력을 제대로 발휘하지 못한다. 예를 들어, 레카 박사의 연구에 의하면 학교에서 성적이 나쁜 학생들을 관찰한 결과 그들의 기본 능력이 부족해서가 아니라 부정적인 자아상의 영향 때문이었다.

반대로 '건강한 자아상'은 "나는 할 수 있다. 할 수 있을 것이다."라는 이미지며, 이는 곧 높은 자존감과 연결된다.

사기가 떨어진 장병들이나 군에 적응하지 못하는 병사들에게 건강한 자아상을 심어주려면 우선 '내가 가진 자원과 현재 환경에 대한 수용 자세'를 갖게 해야 한다. 동시에 미래에 대한 구체적이고 긍정적 생각(감정)을 품도록 독려할 필요가 있다.

말로 표현하기

건강한 자아상을 키우는 가장 효과적인 방법은 실제로 그것을 말로 선포하는 연습이다. 가령 다음과 같은 자아상을 스스로 만들어볼 수 있을 것이다.

※ 빈칸을 채워보세요!

- 1년 후의 내 모습 : _____

- 제대할 때의 내 모습 : _____

- 대학 졸업할 때의 내 모습 : _____

- 취직할 때의 내 모습 : _____

- 결혼할 때의 내 모습 : _____

- 아빠가 되었을 때의 내 모습 : _____

- 10년 후의 내 모습 : _____

- 20년 후의 내 모습 : _____

- 30년 후의 내 모습 : _____

- 80세의 내 모습 : _____

이는 인생의 중요한 시기에 가질 수 있는 긍정적인 모습을 '글' 로 써서

'말'로 선포함으로써 그것을 이루기 위해 스스로 동기를 부여하는 일이다. 이처럼 '말'로 선포해야 하는 이유는 단순하다. 첫째는 '말의 힘'이 엄청나기 때문이고, 둘째는 말과 글을 통해 긍정적인 자기에 대한 이미지메이킹(=자아상 확립)을 매우 구체적으로 할 수 있기 때문이다.

자존감 테스트

자존감이 높은 사람, 즉 건강한 자아상을 갖고 있는 사람은 어떤 모습일까? 다음은 당신 스스로의 자존감이 높은지 낮은지를 테스트해볼 수 있는 세 분류의 항목들이다. 각자의 항목들이 많을수록 자존감이 높거나 낮다고 볼 수 있다. 각 항목들을 체크해가며 차분히 테스트해 보도록 하자.

〈높은 자존감〉

- 나는 나라는 인간 자체로 소중한 사람이다. (　　)
- 나는 소중한 존재이다. 내가 소중한 만큼 다른 사람도 소중한 존재이다.(　　)
- 다른 사람에게 '존중과 배려'의 마음을 가져야 한다는 걸 알고 있다.(　　)
- '네가 대접받기를 원하는 만큼 남을 대접하라'는 황금률 법칙을 잊지
  않는다. (　　)
- 나의 외모, 성격, 환경, 재산과 상관없이 '있는 그대로의 자신의 모습'을
  받아들이고 사랑할 수 있다. (　　)
- 내 행복의 기준은 결코 '남들'에게 있지 않다. 남과 '비교' 하지 않고 '열등감'을

가지지 않는다.(   )

- 남들은 나와 다르다. '다름'을 인정하고 수용한다.(   )
- '차이'는 '차별'과 다른 것이다.(   )
- 부정적인 과거에 얽매이지 않는다.(   )
- 자신에 대한 비난이나 부정적인 반응을 너그럽게 받아들이는 낙천적이고 열린 태도를 가지고 있다.(   )
- 필요할 때는 다른 사람들에게 지지, 조언, 도움, 위로를 얼마든지 청할 수 있다.(   )
- 꼭 완벽주의자가 되려고 하지 않는다.(   )

예) 김 병장은 최근 부대 간 행사에서 축구팀 코치 역할을 맡기로 했다. 바로 옆 부대가 강력한 우승후보로 다들 그 팀이 우승할 것이라고 여기고 있었다. 김 병장은 벌써부터 주눅이 든 후임들에게 말했다. "어차피 경기는 즐기라고 있는 거야. 꼭 이길 생각보다는 최선을 다하자." 그는 축구를 잘하는 후임들은 물론 평소 내성적인 후임들까지 모아서 골고루 팀을 구성했다. 그중에 평소 허약체질로 유명한 최 이등병이 "병장님, 저는 도움이 될 것 같지 않은데요." 라고 말하자 김 병장은 말했다. "지금부터 네가 도움이 될 수 있는 방법을 찾아보면 되지 않을까? 다른 사람들한테도 그게 오히려 큰 힘이 될 거야."

자존감이 아주 낮지는 않지만 그렇다고 높지도 않은 '불안정한 자아상'(=자존감이 중간 정도)의 사람들은 다음과 같은 특징을 가지고 있다.

이들은 불안정한 자아상을 가지고 있기 때문에 얼핏 보기에는 멀쩡히 잘 생활하는 것 같을 수도 있다. 하지만 조금만 위협적인 외부 상황 혹은 약간의 시련이 닥치면 쉽게 좌절하고 무너질 수 있다.

〈중간 정도의 자존감〉

- 의심 : 외모, 지성, 사회성 등 여러 측면에서 자신의 능력을 의심한다.(   )
- 완벽주의 : 자신의 임무와 책임을 수행하기 위해 노력하기는 하지만, '완벽' 하지 않을까 봐 쉽게 걱정하고 불안해하는 경향이 있다.(   )
- 공격적 or 수동적 : 자신은 물론 남에 대해 좋은 평가를 내리지 않기 때문에 자칫하면 스스로를 방어하거나 남에 대해 공격적인 태도를 보인다.(   )
- 비교 : 자신과 다른 사람을 비교하고 남의 성공이나 재산을 질투한다.(   )
- 자신과 남들의 '다름' 을 인정하지 못하고 나와 반대되는 의견에 위협을 느낀다.(   )
- 누군가가 내 의견에 반대하면 나를 공격하는 것이라고 생각한다.(   )
- 남을 깎아내리고 비아냥대는 유머를 자주 구사한다.(   )
- 자기고집을 꺾지 않고 억지를 부리거나 시키는 대로만 하는 순응적이고 수동적인 태도를 보인다.(   )
- 지나치게 안정을 추구하며, 자신의 능력을 발굴할 수 있는 새로운 시도와 모험을 회피한다.(   )
- 남에게 지지, 도움, 조언을 청하는 것을 어려워한다.(   )

예) 김 병장의 선택이 박 병장은 마음에 들지 않았다. 하지만 평소 김 병장이 신임이 두터운 것을 알고 있기에 군소리 없이 김 병장의 말에 동의는 했지만, 팀 연습이 조금이라도 삐걱거리면 김 병장의 탓이라고 생각했다. 그는 기회가 생기자 다른 병사들에게 이렇게 털어놓았다,

"김 병장 혼자 멋진 선임 되고 싶은 거지. 누군 안 그런 줄 알아?"

박 병장의 말을 들은 후임들은 김 병장과 박 병장 사이에서 눈치를 보느라 연습에 집중하기 어려웠다.

그렇다면 자존감이 '매우 낮은' 사람의 특징은 어떨까?

부정적인 자아상을 갖고 낮은 자존감으로 인해 개인적, 사회적 어려움을 겪는 사람들은 다음과 같은 특징을 지니고 있다. 아래와 같은 사람들은 스스로도 고통스러울 뿐만 아니라 다른 사람들과 소통하고 협동하는 데 있어서도 어려움을 크게 느끼고, 남을 배려하는 기본적인 방법을 알지 못한다.

〈낮은 자존감〉

- 자신의 가치를 있는 그대로 인정하지 못한다.(　)
- 매사에 자신감이 없다.(　)
- 자기 이미지를 열등한 존재로 인식하고 자기비하가 심하다.(　)
- 자신에 대해 늘 비판적이다.(　)
- 모든 일에 대해 강박 콤플렉스를 가지고 있다.(　)
  (예) "나는 조금 더 잘했어야 했어."
  　　　"나는 ~을 하지 말아야 했어."
- 완벽주의에 대한 강박관념을 가지고 있다.(　)

- 실패에 대한 극도의 두려움을 가지고 있다.(　　)
- "나는 어떤 것도 해낼 수 없어."와 같은 부정적 자아상을 가지고 있다.(　　)
- 자신을 사랑받을 자격이 없는 존재로 인식한다.(　　)
- "아무도 나를 사랑하지 않을 거야."라는 불안감과 좌절감을 항상 갖고 있다.(　　)
- 자신을 즐겁게 하는 경험에 대하여 죄책감을 느낀다.(　　)

예) 허약체질 최 이등병은 자신 때문에 축구팀이 제대로 굴러가지 않는다고 생각해 죄책감에 빠졌다. 특히 자신을 미워하는 것 같은 박 병장이 연습에 참관할 때면 주눅이 들어 진땀이 날 정도였다. 그럼에도 자신을 믿어주는 김 병장이 있기에 최선을 다하려고 노력했다. 드디어 경기 날, 결국 자신의 팀이 패하자 그는 고개를 숙인 채 말이 없었다. 자신이 패스했던 공이 상대에게 빈틈을 주었다고 생각한 그는 '역시 난 안 돼'라고 생각했다. 하지만 김 병장의 한 마디가 그에게 작은 위로가 되긴 했다.
"잘했어. 최선을 다했으니 된 거야. 그게 목표였잖아. 앞으로 군 생활 기니까 설욕전을 할 기회가 분명히 있을 거야."
그는 김 병장의 말에 감동 받아 매일 자기 전에 스스로 체력 단련을 하기로 마음 먹었다. 하지만 자신이 꾸준히 할 수 있을지 자신이 없었다.

낮은 자존감, 무엇이 문제인가?

너새니얼 브랜든은 자존감이 낮은 사람들은 '알지 못하는 것, 익숙하지 않은 것'을 무조건 두려워하는 반면 자존감이 높은 사람들은 미개척지를 찾고 '도전'한다고 말한다. 이처럼 '두려움'이 낮은 자존감의 대표적인 특징이다. 자존감이 낮은 사람은 자신의 나약한 모습이 남 앞에서 드러날까 두려워하고, 뭔가에 실패했을 때 남들이 비웃을까봐 두려워한다. 그들이 남을 공격하는 것도 이 두려움을 감추기 위해서다. 또한 그 결과 합리적인 사고를 하지 못하고, 타인으로부터 부당한 비난을 받았을 때조차 반박하지 못한다. 남의 비난을 사실인 양 받아들여 "나는 이런 형편없는 대접을 받아도 싼 놈이야."라고 생각하며 스스로를 더 괴롭힌다. 이런 낮은 자존감은 여러 가지 문제를 야기하는데, 다음과 같은 것들이 있다.

- 잠재력을 마비시킨다.
  : 구멍 난 밑바닥 틈으로 물이 새어 나가듯이 자신의 능력과 가능성이 새어 나간다.
- 꿈을 파괴한다.
  : 자신에게 어떤 가능성이 있는지 보지 못하기 때문에 미래의 꿈을 스스로 파괴한다.
- 대인관계를 해친다.
  : 자존감이 낮은 사람이 한 번 폭발하면 매우 공격적, 폭력적으로 행동할 수 있다. 또한 왜곡된 자기우월감을 과시하기 위해 약자를 가혹하게 다루기도 한다.
- 남의 말 한 마디에 쉽게 감정이 상하고 남의 비난에 민감하다.

: 방어적인 소통, 적대적 침묵, 빈정거림, 비꼼 등의 화법을 구사한다.

- 다른 사람에게 집착하거나 다른 사람을 소유하려고 한다.

- 남을 심하게 비난하는 반면 자신의 잘못은 인정하지 못한다.

: 자아상이 약하기 때문에 자신이 잘못했을 수 있음을 인정할 용기가 없다.

만일 위의 요소들 중에 나에게 해당되는 것들이 있는가?

3. 자존감 회복을 위한 감정 코칭의 비밀

지능은 크게 IQ와 EQ로 나뉜다. IQ가 흔히 똑똑함의 정도를 수치화한 것이라면 EQ는 이른바 감성 지능, 정서 지능이라고 불린다. 이 정서 지능이 높은 사람은 감정과 충동을 절제하고 통제하며, 타인들의 감정을 예민하게 느끼고 인내심을 지키며 자기 마음을 잘 통제한다.

최근 이 정서 지능을 높이는 교육 방법이 화제가 되고 있는데 이른바 감정 코칭이 그것이다. 감정 코칭은 상대의 마음을 읽어줌으로써 상대의 감성 지능을 높이는 코칭 방법으로서 대학 심리학과 교수 임상전문가이자 가족치료의 세계적인 권위자 존 가트만 박사가 무려 30년간 3천 개의 가정을 연구하고 조사하여 만들어낸 코칭 기법이다.

그는 이 30년이라는 장기간의 프로젝트를 진행하면서 육아와 부부 간 소통에 어려움을 겪는 수없는 문제 가정을 만났고, 그 와중에 부모와 아이들에게 감정 지도법을 교육함으로써 상상하기 어려운 변화를 이끌어냈다.

가트만 박사의 대표 저서인〈내 아이를 위한 감정코칭〉을 보면 이 코칭 기법의 핵심 원리를 살펴볼 수 있는데, 그는 소통의 기술에서 가장 중요한 것은 대화이며, 이 대화를 통해 상대의 감정을 조절하고 다독여줄 수 있다고 강조한다.

이 감정 코칭은 부모가 아이를 교육할 때 많이 쓰이고 있지만, 심지어 부부 관계, 나아가 성인들 간의 관계에서도 시사하는 바가 크다. 한 예로 가트만 박사는 이혼하는 부부의 90%가 낮은 자존감, 원활하지 않은 감정 조절 문제로 인한 것이며, 감정 코칭을 통해 자존감을 높이고 감정 조절이 원활해지면 관계 내 문제들이 상당 부분 해결될 수 있다고 말한다. 성인들 간의 관계도 감정 코칭을 통해 얼마든지 회복될 수 있음을 보여주는 대목이다. 정서 지능이 높은 사람은 타인과의 교감이 원활할 뿐 아니라 정서적으로 안정됨으로써 자존감 높고 행복하며 성공적인 삶을 살아간다. 또한 이 정서 지능도 얼마든지 연습과 노력을 통해 계발하고 길러질 수 있는 셈이다.

그렇다면 감정 코칭의 기본은 무엇일까? 바로 상대의 감정을 받아주고 공감하는 것이다. 하지만 한 가지 주의해야 할 점이 있다. 감정 코칭이 무조건적인 수용을 의미하는 것은 아니라는 점이다. 훌륭한 감정 코칭은 상대 행동의 한계를 분명히 긋고 상대 스스로가 감정을 조절하고 판단하도록 이끌어줄 수 있어야 한다. 다음의 사례들을 살펴보자.

상대의 감정에 응하는 4가지 유형

감정 코칭에서는 상대의 감정에 반응하는 방식을 4가지로 나눈다. 하나씩 읽어가면서, 나는 이제껏 상대의 감정에 어떻게 반응해왔고 앞으로 타인과 원활히 교감하기 위해서는 어떤 방식으로 상대해야 할지 짚어보도록 하자.

1. 축소전환형

상대의 부정적 감정에 무관심하거나 무시하거나 대수롭지 않게 여긴다.

> 예) 후임 : 제 여자 친구가 그럴 줄은 몰랐어요. 이렇게 헤어지게 되다니 너무 슬픕니다.
> 선임 : 야! 세상에 널린게 여자야. 다 잊어버려. 이따 라면 끓여먹자.

이는 상대의 부정적 감정이 빨리 사라지기만을 바라고, 그 감정을 무마하려고 기분 전환만 제시하고 상대의 의사소통 노력에는 관심을 기울이지 않는 것이다. 또는 부정적인 감정 자체가 나쁜 것이라고 생각해 축소하려고 든다. 이럴 경우 상대는 자신의 감정을 인정받지 못함으로써 슬픔이나 분노 등을 진정시키기 어려워지고, 이런 상황이 반복되면서 대인관계에 어려움을 겪게 된다.

2. 억압형

상대가 부정적 감정을 드러내는 것을 나쁘다고 비난하며, 심지어 그런 감정을 표현했다며 화를 내거나 쏘아붙인다.

> 예) 후임 : 휴, 상황이 이렇게 되다니 정말로 도망치고 싶어요.

> 선임 : 야! 그게 군대에서 할 말이냐? 나 같으면 그런 거 걱정할 시간에 차라리 군화라도 한 번 더 닦겠다.

이는 축소전환형보다 더 부정적으로 상대의 감정에 반응한다. 상대의 감정은 잘못된 것이며 자신의 기준을 강요하는 것이다. 이는 부정적인 감정이 나쁜 성격(게으름, 의심) 등에서 나온다고 믿기 때문이다. 따라서 부정적 감정은 비생산적이며 쓸모없다고 여기는 동시에 자신의 권위를 이용해 이를 막으려 한다. 이럴 때 상대는 자신의 감정을 누구도 이해할 수 없다고 여겨 외로움을 느끼고 고립감에 시달리게 된다.

3. 방임형

상대의 감정을 인정하고 공감은 하지만 이후의 행동을 좋은 방향으로 이끌지 못한다.

> 예) 후임 : 그래서, 너무 화가 나서 그 자식을 때려줬어요.
> 선임 : 그래, 정말 화났겠네. 원래 화가 나면 물불 안 가리게 되는 거지, 뭐.

이 유형은 상대의 모든 감정 표현을 받아주고 위로해주지만, 올바른 행동이 무엇인지는 제시해주지 않는다. 이는 지나친 관대함 때문에 문제 해결 방법을 제시하지 않음으로써 상대가 문제를 해결하도록 돕는 것이 아니라, 그 감정을 분출하는 것만 돕게 되는 것이다. 이럴 때 상대는 점점 더 감정 조절이 어려워질 수 있다.

4. 감정코치형

상대의 감정을 잘 인식하고 수용하되 이후의 올바른 행동을 제시해 준다.

> 예) 후임 : 너무 화나서 눈에 보이는 게 없었어요. 지금도 화가 안 풀려요.
> 선임 : 그래, 정말 화가 났겠네. 나 같아도 화가 많이 났을 것 같아.
> 후임 : 그런데 생각해보니 반사적으로 화기 난 거 같기도 해요.
> 선임 : 음… 왜 그렇게 화가 났을까?
> 후임 : 예전에 비슷한 일을 겪었는데, 그때 상대가 억지를 부리고 끝까지 제게 사과하지 않았었거든요. 그 기억이 나서 그랬던 것 같아요.
> 선임 : 그랬구나. 하지만 그건 옛날 일이고, 지금과는 다르지 않을까? 너한테 평소에는 잘했던 선임이잖아. 내일 또 봐야 하는데 어떻게 해야 할까?
> 후임 : 휴우, 그렇네요. 오늘 일은 제가 잘못했으니 선임한테 먼저 진심으로 사과드리고, 오해를 풀도록 이야기해 보고 싶어요.

이 유형은 상대의 감정이 격해져도 그것을 공감하고 경청하지만 동시에 이를 좋은 교육의 기회로 삼는다. 상대가 감정을 표현할 수 있도록 도와주되 스스로 문제를 해결하도록 이끄는 동시에 행동의 한계를 제시해 주는 것이다. 또한 상대의 감정이 격해져도 이를 인내심 있게 지켜보며 상대의 감정을 포착해 귀를 기울이고, 상대가 자신의 감정을 조절하고 문제를 해결하도록 기다려준다.

이런 코칭을 받는 상대는 자신의 감정을 신뢰하게 되고, 자긍심이 높아져 타인과의 관계가 원만해질 수밖에 없다.

감정 코칭, 어떻게 해야 할까?

보통 우리는 남의 고민과 문제를 들으면 빨리 해결해주거나 답을 주고 싶은 마음에 서두르게 된다. 그 조급함이 때로는 상대의 문제와 감정을 축소해버리는 결과를 낳게 되기도 한다. 나아가 방어적 말투나 비난 등으로 일관하기도 하는데, 이는 상대에게 적개심, 분노, 때로는 회피를 유도하게 만든다. 이런 식으로는 감정 코칭이 불가능하다. 그렇다면 감정 코칭은 어떤 방식으로 진행해야 할까?

- 1단계 : 상대의 감정 확인하기

상대에게 문제가 발생했을 때 상대의 상태를 빠르게 파악해야 한다. 상대의 감정에 작은 변화라도 나타나면 그 변화를 캐치하는 것이다. 흔히 어떤 사람에게 문제가 발생할 때 우리는 대부분 상대의 행동에만 주시하는 경향이 있다. 그러나 더 중요한 것은 그 행동의 밑에 잠재된 감정이다. 이때 상대에게 다가가서 어떤 일이 있었는지 묻는 것이 감정코칭의 첫 번째 단계이다.

- 2단계 : 상대의 감정에 공감하기

감정 코칭에서는 상대가 표현하는 감정에 초점을 맞추고 인정해주고 공감해주는 것이 중요하다. 심지어 그것이 부정적인 감정일지라도 그 감정조차 그대로 받아들여야 한다. 때로 상대가 부정적인 감정을 표현하면 입을 막아버리거나 비난하거나 회피하는 경우가 있는데, 인간적 성장은 그 부정적 감정을 어떻게 해소하는가에 달려 있다. 따라서 상대가 그 나쁜 감정을 잘 다스리고 스스로를 조절할 수 있도록 도와야 한다.

- 3단계 : 감정 표현하기

상대가 자기감정을 말로 표현 할 수 있도록 도와주는 단계이다. 모호한 감정을 분명한 단어를 사용하여 말로 표현하게 함으로써, 상대 스스로 자기 감정을 파악하고 대처할 수 있도록 하는 것이다. 이처럼 상대가 편안하게 자기감정을 말하게 하려면 상대에게 귀를 기울이고 수용적인 태도를 보여야 한다.

- 4단계 : 문제 해결하기

상대가 자기감정을 충분히 공감 받은 이후, 객관적으로 문제를 해결할 수 있도록 도와주는 단계이다. 중요한 것은 한계 제시인데, 상대가 그 감정을 느끼는 것은 당연하되 그로 인해 어떤 행동도 모두 용납되는 것은 아님을 알려주는 것이다. 만일 잘못된 행동을 하고 있다면 그것을 바로잡도록 도와주어야 한다. 상대와 함께 문제 해결의 목표를 확인하고 그 목표를 달성하기 위해 무엇을 해야 하는지, 상대가 나설 수 있도록 이끌어야 한다.

> | 생각해보기 |
>
> ● **상대의 마음을 여는 듣기 기술**
>
> 1) 주의 집중하기 : 이는 관찰 기술로서 상대와 눈을 잘 맞추는 것이 중요하다.
> 2) 추임새 : 상대가 더 말하고 싶도록 고개를 끄덕이고 짧은 감탄사(세상에! 저런! 그래서?) 등을 사용한다.
> 3) 탐색 : 빠진 것을 질문해 상대의 언급 내용을 구체화하고 명료화한다.
> 4) 반영 : 모든 기술 중에 가장 중요한 기술로 공감과 직결된다. 상대의 말을 거울처럼 반사하듯이 요약해서 반복한다. (아, 그때 너는 ~ 해서 ~한 기분이 들었구나?)
> 5) 인정 : 상대가 한 말의 타당성을 인정한다. (그래, 네 말을 듣고 보니 이해가 가네. 그렇게 생각할 수도 있겠어.)

감정 코칭의 효과

　감정 코칭은 결국 상대의 감정을 인정하고, 상대의 잘못을 꾸짖기보다는 문제를 해결할 수 있도록 도와주는 일이다. 이런 코칭이 일상적으로 이루어질 수 있다면, 일반 조직은 물론 군부대에서도 유용한 인성 교육이 될 수 있다.

흔히 습관이 형성되는 데는 3주 정도가 걸린다고 한다. 감정 코칭을 3주 정도 진행했을 경우 기대해볼 수 있는 효과는 다음과 같다.

1) 의욕 증진 : 눈앞에 있는 목표에 매진해 즐겁게 도전할 수 있는 의욕이 자라남.

2) 관계 개선 : 서로를 비난하거나 소외시키는 행동이 잘못임을 서로 공감하고 행동의 한계를 정함으로써 조직 내 관계가 원활해짐.

3) 문제 해결 능력 향상 : 습관적으로 짜증을 내거나 화를 내고 문제가 생기면 책임을 미루고 회피했다면, 감정 코칭은 문제에 직면해 이를 해결하는 것에 대한 두려움을 사라지게 한다.

4) 감정 조절 능력 향상 : 감정을 조절할 수 있게 되면 행동 조절도 쉬워진다. 거칠거나 무례한 행동도 결국은 자기감정이 거부당했을 때 생긴다. 이런 행동이 돌출되기 전에 서로 감정을 인정해주면 무절제한 행동을 조절할 수 있다.

5) 질병 면역력 증진 : 감정 코칭을 통해 감정 수용을 겪게 되면 감정 조절을 통해 스트레스 저항력이 향상되게 된다.

6) 그 외에 사회적 적응력 증진, 변화에 대처하는 능력 증진.

공감 대화 기술 : 'I 메시지' 대화법

한번 생각해보자. 부대 생활을 하면서 후임들에게, 동기들에게 우리는 어떤 말을 제일 많이 할까? 아마 요구하는 말들이 대부분일 것이며, 공감의 말은 드물 것이다.

한 예로 수십 가지, 수백 가지의 해서는 안 되는 일, 또는 반드시 해야 하는 일들을 요구한다. 군기 넣어라, 시간 지켜라, 명령 잘 들어라 등등 우리의 언어들은 요구들로 꽉 차 있다.

공감이란 다른 사람이 느끼는 것을 함께 느끼는 능력이다. 상대의 감정을 공감해주면 상대도 마음의 문을 열게 되고 그러면서 자신의 문제나 상황을 내게 전달하게 된다. 미연에 방지하지 못할 대형 사고는 애초에 일어날 수가 없게 되어버린다.

또한 장병들 간에 감정 코칭이 이루어지면 서로가 서로를 자신의 굳건한 지지자라 느끼게 되고, 그로 인해 부대 조직원들 간의 결속력이 획기적으로 강화하게 된다.

그렇다면 어떤 대화법이 부대 내부 감정 코칭에 적당할까? 바로 'I 메시지' 대화법이다.

'I 메시지'란 대화에서 주어가 '나=I'가 되는 것이다. 흔히 바쁜 아빠와 아들의 대화를 보자.

> 아들 : 아빠, 온종일 심심했는데 저랑 놀아줘요!
> 아빠 : 저리 가, 나중에 말해. 피곤해.
> 아들 : 네….(난 귀찮은 존재 인가봐)

여기서 아빠는 'YOU 메시지'를 사용했다. 아들에게 저리 가고, 나중에 말하라는 메시지를 보낸 것이다. 'I 메시지'는 이와 반대다.

> 아빠 : 아빠가 오늘은 몹시 피곤해. 나중에 놀고 싶은데 괜찮을까?
> 아들 : 네. (아빠가 많이 피곤하신가보다. 쉬게 해드려야지)

다음은 아들이 신호등을 제대로 보지 않는 것에 대한 엄마의 걱정을 표현한 두 사례다. 이제 여러분도 어떤 것이 'I 메시지'인지 'YOU 메시지'인지 구분할 수 있을 것이다.

> 사례 1 : "넌 왜 맨날 신호등도 안 보고 건너니?"
> 사례 2 : "엄마는 네가 신호등을 안 보고 길을 건너면 사고 날까봐 너무 걱정돼."

구분이 가는가? 여러분은 어느 쪽의 메시지를 더 많이 사용하는지 점검하고, 앞으로 'I 메시지'를 사용하는 대화 기술을 익혀보도록 하자.

제5장   배움을 통해 자존감 회복하기

6장

자존감을 내면화시키는 방법

> 현재에 집중할 수 있다면 항상 행복할 것이다.
> - 파울로 코엘료

잠깐만! 요약해서 먼저 들여다보기

자존감을 높이기 위해 필요한 몇 가지 키워드가 있다.
인정, 수용, 이를 통해 얻는 건강한 독립성이 그것이다.
다음은 이 키워드들을 4가지에 따라 구체적 선언으로 작성한 것이다.
이 4가지 선언은 자존감 회복의 중요한 주춧돌로서 일상 속에서
끊임없이 체득해야만 한다.

1. "나는 나!"
⇒ 있는 그대로의 자신의 모습을 사랑하라.

인간의 가치는 외모, 성격, 환경 자체로 결정되는 것이 아니다. 물론 인간은 본성적으로 외부 조건으로 사람을 평가하려 든다. 멋진 외모, 좋은 직장이나 학력을 가진 사람, 좋은 자동차를 가진 사람을 보면 그 사람 자체보다 그가 '가진 것'을 높게 평가하려 든다. 이런 현상을 '후광효과(Halo effect)'라고 하는데, '어떤 사물, 사람의 부분적인 속성(인상) 때문에 전체적인 평가에 영향을 미치는 부적절한 경향'을 뜻한다.

이 후광효과로 남을 평가하고 그로 인해 열등감을 가지는 것은 결코 건강한 일이 아니다. "돈은 구겨져도 돈이다."라는 말이 있는 것처럼, 누구도 나의 가치를 낮게 평가할 수 없기 때문이다. 비록 실수할 수 있고 넘어질 수 있으며, 남들보다 적게 가졌을 수도 있지만, 그렇다고 내 가치 자체가 낮아지는 것은 아니다. 그건 단지 남들과 나의 '차이'일 뿐 '차별' 받을 이유는 아니기 때문이다. 따라서 지금 당장 '잘했다', '못했다'의 평가 자체에 얽매이지 말고, 자신의 타고난 장점을 발견할 수 있는 즐겁고 기쁜 체험을 늘려가자.

또한 장점과 단점 중 단점은 수용하되 장점을 키워나가는 데 관심을 집중해야 한다.

2. "과거를 묻지 마세요!"
⇒ 부정적인 과거를 떠나보내는 지혜를 가져라!

불우했던 가정환경, 부족했던 경제적 여건, 남보다 못했던 성적이나, 실패의 경험, 실수투성이였던 친구관계, 부모나 가족에게 사랑을 충분히 받지 못했던 상처….

사람은 누구나 상처와 부정적 경험을 가진다. 아무리 완벽해 보이는 사람조차도 알고 보면 자신만의 상처와 열등한 과거가 있게 마련이다.

건강한 자아상을 확립해 자존감을 향상시키려면 이런 과거의 상처와 부정적 경험들을 딛고 미래로 나아가려는 의지가 필요하다. 과거에 내가 얼마나 잘못했는지, 얼마나 많이 실패했는지가 아니라 앞으로 얼마나 잘 할 것인지가 중요하다.

매일, 매 순간, 사람은 2가지의 '기억의 파일' 중 1가지를 선택해야 한다. 그 2가지는 '긍정의 파일'과 '부정의 파일'이다. '부정의 파일'만 선택하는 사람은 그 파일을 뒤적이며 부정적인 경험들만 계속 쌓으려고 할 것이다. 반면 '긍정의 파일'을 선택하는 사람은 새로운 긍정적인 가능성들을 축적시킬 수 있을 것이다. 따라서 지금 이 순간 '긍정의 파일'을 집어들 수 있어야 한다.

| 생각해보기 |

● 열등감은 어디서 오는 걸까?

'열등감'이란 자신에 대한 잘못된 정보가 마음에 '입력'된 상태다. 누구나 단점과 장점이 있는데 오로지 단점만 보다 보니 열등감이 싹튼다.
열등감을 극복하려면 부정적인 과거를 있는 그대로 수용하되 보내버려야 한다. **'수용 → 용서 → 치유'** 의 과정을 통해 자신의 부족함을 받아들이고, 자신과 타인을 용서함으로써 새로운 자아상을 확립해야 한다. 이러한 과정을 통해 상처를 치유하고 자신의 숨어있던 잠재력을 밖으로 꺼낼 수 있다.

3. "너는 나에게 상처를 줄 수 없다!"
⇒ 상처는 남이 주는 것이 아니라 내가 결정하는 것이다.

할리우드의 유명 영화배우 모건 프리먼은 인종차별이 심한 미국 영화계에서 흑인 배우로 평생을 활약하면서 대배우의 반열에 올랐다. 흑인은 조연이나 단역, 우스꽝스러운 역할에 국한되어 있던 연기 환경을 극복하고 당당히 주연의 자리를 꿰차며 수많은 영화에서 명연기를 펼친 바 있다.

한 번은 기자들이 그에게 물었다.

"만약 사람들이 당신을 '검둥이'라고 모욕한다면 어떻게 대답하실 겁니까?"

그러자 모건 프리먼은 다음과 같이 말했다고 한다.

"그건 그 사람의 무례함의 문제일 뿐 내 문제는 아닙니다."

그에게 다른 사람의 모욕이나 비난은 상처의 근본적인 원인이 아니었던 것이다. 이처럼 '누가' 나에게 상처를 주는가, 혹은 '어떤 일'이 나에게 상처를 주는가 하는 문제는 상처를 받는 '나'의 의지와 생각에 의해 결정된다.

'내가 상처를 받았다.'는 것은 '누군가 나에게 상처 주는 행위를 했다.'의 문제가 아니라, 그 행위 때문에 '내가 상처를 받은 것 같은 감정을 느꼈다.'는 의미다.

즉 누군가가 아니라 나 자신이 그 감정을 유발한 것이다.

외부로부터의 상처에서 나를 지켜줄 사람은 오직 '나 자신' 뿐이다. 마음이 상할 것인지, 혹은 상처의 감정을 거부할 것인지를 선택할 권리는 다른 누구도 아닌 바로 나에게 있다. 그 '느낌'과 '감정'을 상처로 남길 수도 있고, 반면 상대의 문제라고 여길 수도 있다. "당신 자신을 사랑하라. 그러면 인생도 당신을 사랑하리라."라는 말처럼, 상처로부터 자유로워질 수 있는 힘은 어디까지나 나 자신에게 있음을 기억하자.

4. "내 마음의 주인은 나!"
⇒ 내가 내 마음의 주인이 되자.

피그말리온 효과라는 것이 있다. '피그말리온'은 그리스 신화에 나오는 인물 이름으로서, 세상 여성들을 혐오하며 아름다운 조각상을 만드는 일만 하며 사는 조각가였다.

그는 뛰어난 솜씨를 발휘하여 이상형의 여성상을 조각으로 만들었는데, 자신이 만든 조각상의 아름다움에 그만 반하고 말았다. 조각상을 진짜 여인처럼 사랑하며 간절히 기도한 끝에 정말로 그 조각상은 생명이 있는 여인으로 살아났다는 이야기이다. 이처럼 조각상을 사람으로 만들었듯이 '믿는 대로 현실이 된다'는 이 이론은 이후 로젠탈 효과라고 불리기도 한다. 이 효과에 대해 심리학자들은 여러 연구를 거듭했는데, 객관적인 측정치로 알려져 있는 IQ조차도 마음가짐에 따라 달라진다는 결과가 나왔다.

당시 A그룹의 학생들과 B그룹의 학생들은 최초에는 비슷한 수준의 IQ를 가진 집단이었다. 그런데 A그룹 학생들은 지능이 높고 우수한 그룹이라고 소개하고, B그룹 학생들은 지능이 조금 떨어지는 그룹이라고 소개했다. 이후 1년이 지나 IQ 테스트를 다시 하자 놀라운 결과가 나왔다. 실험 전에는 비슷했던 IQ가 1년 후에는 달라져 있었다. 우수한 그룹이라고 소개된 A그룹 학생들의 수치가 B그룹보다 높게 나온 것이다.

이러한 '마음'의 역할은 병원에서의 임상실험에서도 자주 드러난다.

약효가 없는 약을 먹었는데도 '이 약이 효과가 있다' 라는 믿음만으로도 통증이나 질환이 호전되는 '플라시보 효과(위약 효과)' 가 그 대표적인 예이다.

또한 암 치료를 위한 다양한 치료법 연구 결과, "치료를 받으면 나을 것이다."라는 절대적인 확신과 믿음을 가진 환자들이 월등한 호전을 보였다. 내 마음을 좌지우지하는 것은 나다. 내가 믿는 것이 그대로 현실이 된다.

내 마음의 주인은 다른 사람이 아닌 나 자신이다. 내가 나를 못나게도 만들고 살나게도 만든다. 사람들은 '내가 스스로 만든 나 자신에 대한 이미지' 대로 나를 평가한다는 것을 기억하자.

| 생각해보기 |

● **건강한 자존감을 가진 '사람' 에게는 이것이 있다!**

자존감 이론으로 유명한 미국의 심리학자 너새니얼 브랜든은 '건강한 자존감' 은 다음과 같은 특징을 가진다고 말한다.

- 합리성
: 의미를 추구하고 관계를 이해하는 데 있어서 합리성을 갖고 있다.
- 현실주의

: 자존감이 낮으면 자신의 능력을 과소평가하거나 과대평가한다. 건강한 자존감을 가진 사람은 현실을 존중하고 자신의 능력을 현실적으로 평가한다.

- **직관**

: 내면에서 보내는 신호에 민감하게 반응하고 이를 적절히 처리한다.

- **창의성**

: 정신의 산물을 소중히 여기고 아이디어를 발전시키는 일에 열정을 쏟는다.

- **독립성**

: 자기 존재를 온전히 책임지고 독립적으로 사고하여 목표를 이룬다.

- **유연성**

: 과거에 집착하지 않고 변화에 대처하는 능력을 갖고 있다. 자포자기하지 않고, 눈에 보이는 것을 열린 태도로 받아들인다.

- **변화에 대처하는 능력**

: 자존감이 높은 사람은 변화를 두려워하지 않는다.

- **실수를 인정하고 개선하는 태도**

: 자존감이 높은 사람은 "제 잘못입니다."라고 말하는 것을 창피하게 여기지 않는다. 실수를 인정하지 않고 부정하고 방어하는 것은 불안, 죄책감, 부족함, 수치심을 느낄 때 나타나는 특징들이다.

- **협동심**

: 자존감이 높은 사람은 타인을 두려워하지 않고 공동의 목표를 이루기 위해 자발적으로 협동한다. 다른 사람을 증오하는 사람은 자기 자신을 증오하는 사람이다.

건강한 자존감을 가진 '집단'에게는 이것이 있다!

너새니얼 브랜든은 저서 〈자존감의 여섯 기둥〉에서 "건강한 자존감을 지닌 사람은 다른 사람의 잘못에 기대어 자신의 가치를 증명하려 들지 않는다."고 말한다. 타인을 의심하거나 남들이 자신을 비난하리라는 강박관념에 휩싸여 있는 사람은 사실은 스스로를 의심하고 불신하기 때문이라는 것이다.

따라서 건강한 자존감을 가진 사람은 자신을 가치 있게 평가할 뿐만 아니라 자신이 속한 집단 구성원들과 기꺼이 협력하려는 태도를 가지고 있다. 자신에게 부여된 책임을 실천하려 노력하기 때문이다.

이러한 적극적이고 자발적인 협력에 대하여 너새니얼 브랜든은 "자신이 한 약속을 지키고, 헌신을 존중하고, 자신이 다른 사람에게 행하는 행동의 결과를 생각하고, 신뢰와 신용을 보이려는 자발적인 의지"라고 설명했다.

한 예로 자존감이 높은 사람은 상사가 시켜서, 혹은 집단이 강요하기 때문에 억지로 일을 수행하지 않는다. 그래서 구성원 개개인이 높은 자존감을 가진 조직이 결과적으로 성공하는 조직이 될 수 있는 것이다.

이러한 건강하고 능률적인 집단에는 다음과 같은 15가지 특징이 있다고 한다.

1. 안전하다고 느껴지는 환경

: 이 집단에서 조롱, 멸시, 수모를 겪지 않으리라고 안심할 수 있다.

2. 받아들여진다고 느끼는 환경

: 예의 바른 대우를 받으며 개인의 존엄이 중요하게 다루어진다.

3. 도전의식을 느낄 수 있는 환경

: 자신의 능력을 펼칠 수 있는 도전적인 과제를 부여받는다.

4. 인정받는다고 느끼는 환경

: 개개인의 재능과 성취를 인정받고 조직에 기여했을 때 보상을 받는다.

5. 건설적인 피드백을 받는 환경

: 성과를 높일 수 있는 방안을 모욕감 없이 알려준다. 긍정적인 측면을 강조하여 개인이 역량을 쌓을 수 있는 방식으로 피드백이 이루어진다.

6. 구성원의 혁신을 기대하는 환경

: 구성원의 의견과 아이디어를 환영한다.

7. 정보에 쉽게 접근할 수 있는 환경

: 개인의 활동이 조직 전체의 사명과 관련된다는 것을 이해할 수 있다.

8. 책임에 합당한 권한이 주어지는 환경

: 진취성을 발휘하고 결정을 내리고 판단하도록 권장한다.

9. 명료하고 모순 없는 규칙과 지침이 있는 환경

: 구성원들 모두가 이해하고 믿을 수 있는 규칙과 시스템이 있다.

10. 문제를 가능한 한 많이 해결하도록 권장하는 환경

: 문제 해결을 위해 책임을 지도록 기대를 받고 권한을 부여 받는다.

11. 실패에 따르는 불이익보다 성공에 따르는 보상이 큰 환경

: 구성원들 모두가 위험을 무릅쓰기를 두려워하지 않는다.

12. 배움을 격려 받고 보상받는 환경

: 지식과 기술을 향상시킬 수 있는 교육과정이 이루어진다.

13. 강령, 철학, 리더의 태도가 일치하는 환경

: 구성원들이 자신들이 본 바에 걸맞게 행동해야겠다고 생각한다.

14. 공정하고 정당하게 대우받는 환경

: 구성원들이 신뢰할 수 있는 합리적 세계라고 느낀다.

15. 자부심을 느낄 수 있는 환경

: 구성원 자신들이 기울인 노력이 쓸모 있으며 자신이 하는 일이 가치 있다고 인식한다.

(참조 : 〈자존감의 여섯 기둥〉 중에서)

1. 긍정의 언어로 말하기

'말'이 갖는 놀라운 힘은 거듭 강조해도 지나치지 않다. 심지어 말의 힘은 우리의 상상을 초월하기도 한다. 말의 힘에 대한 가장 대표적인 실험이 일본의 에모토 마사루 박사가 8년 간 연구한 결과물인〈물은 답을 알고 있다〉에 자세히 소개되어 있다.

==이 책에 따르면 물을 부은 컵에 긍정적인 말(사랑합니다, 감사합니다, 천사, 감사, 사랑 등)을 부착하고 지속적으로 말했을 때, 물의 가장 아름다운 결정체의 형태인 정육각형 모양(육각수)을 이루었다. 뿐만 아니라 사람이 마실 경우 놀라운 질병 면역 효과를 나타냈다.==

반면 부정적인 말(미워한다, 짜증난다, 악마 등)을 부착하고 들려주고 나면 물의 결정체가 산산이 부서진 형태를 띠었다. 이 모양은 마치 중심의 검은 부분이 주위를 공격하는 듯했다. 그리고 이 물은 실제로 몸에 해로운 성분을 지니고 있었다.

이 실험은 긍정적인 언어의 놀라운 효과와 부정적인 언어의 무서운 파괴력을 널리 알렸고, 많은 사람들이 큰 충격을 받았다. 사람도 아니고 동물도 아닌 물의 미세한 결정체마저도 바꾸는 놀라운 힘이 바로 말에 있었다.

왜 물에 끼치는 언어의 힘에 주목해야 할까?

그것은 사람의 몸이 물로 이루어져 있기 때문이다. 사람의 몸은 60조 개의 단백질로 이루어져 있고 단백질 분자 1개가 약 7만 개의 물 분자에 둘러싸여 있다고 한다. 인체의 70% 이상이 물로 이루어져 있다는 것이다.

즉 말이 물에 영향을 끼치듯이, 사람의 몸속에 있는 물에 영향을 끼친다. 하루에도 수천, 수만 마디를 듣고 말하고 읽는 인간은 긍정적이고 격려하고 칭찬하는 말을 듣게 되면 몸과 정신이 건강해지고, 반면에 부정적이고 욕하는 말을 듣게 되면 몸이 약해지고 정신이 병들게 된다.

말의 파장은 온 우주를 향한다

에모토 마사루 박사의 물 실험을 비롯해 말의 파급력을 무생물에 대입한 또 다른 실험들이 있다. '밥 실험'도 그중 하나이다. 실험자들은 갓 지은 쌀밥을 두 개의 그릇에 나누어 담았다. 한쪽 그릇에는 부정적 언어, 즉 욕설, 거친 말, 증오의 말들을 계속 들려주었고, 다른 그릇에는 긍정적 언어, 즉 감사와 사랑, 배려의 말들을 지속적으로 들려주었다.

한 달이 지나자 부정적인 언어를 들려준 밥그릇에는 시커먼 곰팡이가 핀 반면, 긍정적인 언어를 들려준 밥그릇에는 발효를 촉진하는 흰 곰팡이만 피어 있었다.

또 우리나라의 한 기업에서도 사무실에 양파와 감자를 배치하고 서로 다른 말을 들려주는 실험을 진행해 화제가 된 바 있다.

이 실험에서도 한쪽 양파에는 오고 가며 수시로 '사랑, 고마움, 감사' 같은 말들을 들려주었고, 다른 양파에는 '미움, 짜증, 증오' 같은 부정적인 말들을 들려주었다.

한 달 여가 지난 후 긍정적인 말을 들려준 양파에서만 파란 싹이 돋았다. 반면 부정적인 말을 들려준 양파는 점점 썩어가고 말았다. 이 실험을 지켜본 직원들은 설마 했던 마음에서 말의 놀라운 힘을 깨닫고 놀라움을 금치 못했다고 한다.

말은 구체적인 형체는 없지만 보이지 않는 파장을 가지고 한번 내뱉으면 전 우주로 퍼져나간다고 한다. 말 한 마디가 주위 사람들에게 영향을 미치고, 주변 환경의 공기를 바꾸며, 나아가 세상을 바꿀 수 있다는 말도 여기서 나온 것이다. 물의 결정체와 밥알, 미생물, 식물조차도 보이지 않는 말의 영향력에 따라 생명을 잃는데, 하물며 말에 의해 살고 죽는 인간은 어떨 것인가?

어떤 언어를 생각하고 읽고 쓰고 듣고 말하느냐에 따라 얼마든지 삶이 바뀔 수 있다는 점을 위의 실험들은 단적으로 보여주고 있다.

| 아하 그렇구나! | **감사 언어를 들은 물 결정체는 어떻게 달라졌을까?** |

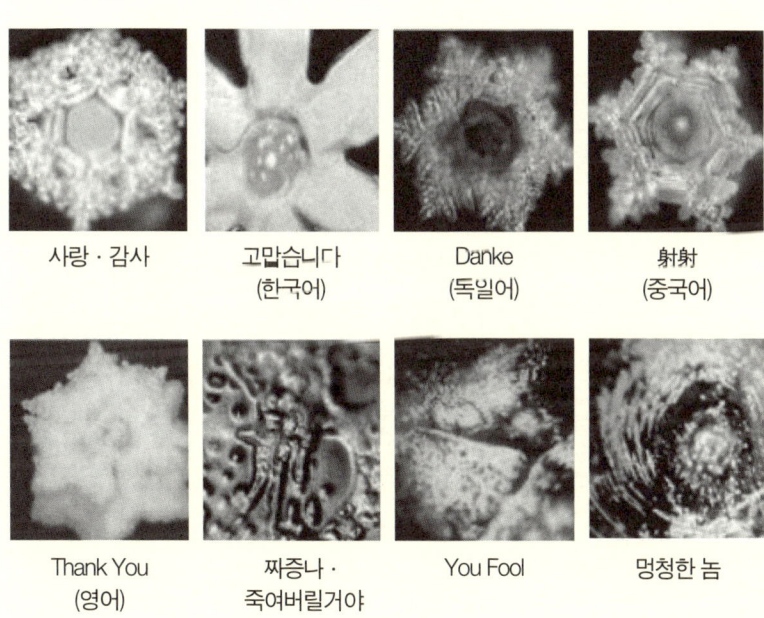

"실험을 통해 우리가 일상에서 쓰는 말이 얼마나 중요한지 알게 되었다. 좋은 말을 하면 그 진동음이 물질을 좋은 성질로 바꾼다. 반대로 나쁜 말을 던지면 어떤 것이든 파괴의 방향으로 이끌어간다. 유리병에 물을 담고 워드프로세서로 글씨를 입력해 프린트한 종이를 병에 붙여 물에게 보여주었을 때 물이 반응한 모습이다.

어원은 다르지만 '고맙습니다'는 어느 나라의 말이든 늘 정돈된 아름다운 결정을 보여준다.

그리고 사람에게 상처 주는 말은 하나같이 결정을 만들지 못한다. '짜증나·죽여

버릴 거야' 는 마치 어린애가 학대를 당하는 것처럼 보인다."

한 달 후 '고맙습니다' 라고 말을 건넨 밥은 발효한 상태로 누룩처럼 구수한 향기를 풍겼다. 그에 비해 '멍청한 놈' 이라고 말을 건넨 밥은 부패해서 새까맣게 변했다. 그리고 '고맙습니다' , ' 멍청한 놈' 이라는 말을 건넨 두 개의 밥 외에 또 하나의 밥을 병에 넣고 라벨도 붙이지 않고 말을 걸지 않았다. 완전히 무시한 것이다.

그 결과 어떻게 되었을까. '멍청한 놈' 이라고 말을 건넨 밥보다 무시한 밥이 먼저 썩었다. 똑같은 방법으로 다른 사람이 실험을 해도 같은 결과가 나타났다. 욕을 먹는 것보다 무시당하는 것이 더 큰 상처를 준다는 것을 여실히 드러내는 실험이었다. 관심을 보인다는 것은 그만큼 에너지를 주는 것이다. 생명을 가장 고통스럽게 하는 것은 관심 받지 못하고 무시당하는 것이다.

방에 놓아둔 관엽식물도 그 아름다움에 관심을 갖고 말을 건네면 싱싱하고 아름답게 자란다. 애완동물이나 곤충에게도 말을 걸어주는 것이다."

(출처:〈물은 답을 알고 있다〉(에모토 마사루 저) 중에서)

2. 말은 결과가 아니라 '원인' 이다

> 남을 비방하는 것은 살인보다도 더 위험한 것이다.
> 살인은 한 사람을 죽이지만, 비방은 세 사람을 죽인다.
> 비방 당하는 사람, 비방하는 자기 자신, 듣는 제3자.
> - 탈무드

나쁜 말의 파급효과에 대한 이야기는 동서고금을 막론하고 존재해왔다. 그러다가 현대에 와서 이 이야기들이 과학적으로 증명되기에 이르렀다. 대표적인 것이 현대 언어학자 노암 촘스키 박사가 밝혀낸 '말' 에 대한 놀라운 신비이다.

그에 따르면 뇌는 '자신이 하는 말' 과 '자신이 처한 현실' 을 전혀 구분하지 못한다고 한다.

어떤 사람이 근사하게 연애를 잘하고 있다고 해도 "나는 사랑에 실패한 사람이야!" 라고 말하는 순간, 뇌도 자신이 '실패한 사람' 이라고 인지하면서 진짜 실의에 빠진 사람처럼 행동하게 된다는 것이다.

이는 사람은 말한 대로 생각하고 행동하며, 말이 생각과 행동을 지배한다는 것을 보여준다.

> 생각=원인, 말=결과 (X)
>
> 말=원인, 생각=결과 (O)

또한 뇌는 '자기 자신에게 하는 말' 과 '다른 사람에게 하는 말' 을 전혀 구분하지 못한다.

상급자가 하급자에게 "너는 그렇게도 능력이 없냐?"라고 말하면 하급자뿐만 아니라 결국 말하는 자신도 스스로 '능력 없는 자' 로 인식하게 된다. 이것을 역으로 하면 '다른 사람' 을 칭찬하고 격려하는 것은 결국 '자기 자신' 을 격려하고 칭찬하는 효과가 있다.

사람은 누구나 칭찬받고 격려를 받아야 자존감이 높아진다. 군에서 사용되고 있는 각종 언어폭력(상대방의 배경이나 능력, 외모를 공격하는 표현들, 재앙이나 불행이 일어나기를 바라는 저주, 상대방에 대한 모욕 등)도 비슷하다. 이런 폭력들을 근본적으로 근절하기 위해서는 모든 장병들이 말의 파괴력을 깊이 깨달아야 할 것이다.

말이 미래를 바꾼다

이처럼 놀라운 파급력을 가진 말은 우리의 현재뿐만 아니라 미래까지 바꾼다. 예일대 사회심리학과 존 바그 교수의 연구에 의하면, 우리의 뇌는 특정 단어를 말할 때 이미 그 단어와 관련된 뇌 부위가 활성화된다.

예를 들어 '움직이다' 라는 동사를 읽는 순간, 이미 두뇌에서는 신체에 움직임을 명령할 수 있도록 준비를 시킨다.

이것을 과학적으로 도식화하면 다음과 같다.

> 말 → 생각(언어중추신경계 작용) → 뇌로 명령
>   → 자율신경계 작용
>   → 행동 → 행동 반복(습관화)
>   → 행동 패턴 형성(고착화)
> ➡ 삶의 패턴 형성

이 도식은 말이 생각과 의식을 바꾸고, 나아가 인생의 방향성을 결정한다는 것을 보여준다. 평소에 어떤 언어를 사용하는가에 따라 미래도 달라지니, 말이 사람의 운명을 결정 짓는다고 해도 지나치지 않다. 우리 속담 중에 '말 한 마디로 천 냥 빚을 갚는다'는 말처럼, 사람의 죽고 사는 모든 인생사가 혀의 힘, 즉 말의 힘에 달려 있다. 누에가 입에서 나온 실을 가지고 집을 짓고 들어가 살듯 사람은 입에서 나온 말로 환경을 만들고 운명을 결정한다.

무엇보다도 평소에 어떤 말을 습관적으로 하느냐에 따라 건강과 수명마저 달라진다. 암 같은 난치성 질환을 가진 환자들도 긍정적인 언어를 자주 사용하면 질병을 이겨내는 힘이 훨씬 강해진다.

대표적인 실험 중에 연세대 세브란스 병원의 'STL 실험'이 있다. 'STL 실험'은 환자들로 하여금 'Sorry 미안해, Thank you 고마워, Love 사랑해'라는 말을 사용하도록 하는 실험이었는데, 이러한 어휘들을 자주 사용한 환자들은 이후 면역력이 무려 30%나 증가했다.

또 한 가지, 긍정적인 생각이나 감사하는 생각은 적극적으로 표현하고 입으로 말해야 한다. 우리 뇌는 두 가지 상반된 생각을 할 수 없도록 구조화 되어 있다. 따라서 긍정적인 언어를 자주 쓰는 연습을 통해 긍정적인 자아상을 갖게 되면, 부정적으로 생각하던 기존의 습관도 완전히 버릴 수 있을 것이다.

언어폭력의 실제 사례들

최근 중고등학교 현장의 언어폭력 수위가 도를 넘어서고 있다. 청소년기에 또래들만의 은어나 욕설을 다소 사용하는 것은 예전에도 있어왔지만 요즘에는 어린 학생들이 사용하는 거의 모든 언어가 욕설로 이루어져 있을 정도로 심각하다.

한 연구에 의하면 우리나라의 고등학교 교실에서 평균 26초에 한 번씩 욕설이 사용되며 실제로는 이보다 더 자주 사용된다고 한다. 욕설이나 비하하는 언어를 금했더니 아이들이 대화를 제대로 이어가지 못하더라는 실험 결과도 있다.

군대에서의 언어폭력도 연장선상에 있다. 상하관계가 중시되는 특수한 상황에서의 고질적인 문화라고 할 수도 있겠지만, 상대방의 자존감을 떨어뜨리는 치명적인 언어를 과하게 사용한다면 이것이 올바른 문화라고 하기는 어려울 것이다.

사람은 긍정적인 표현과 감사의 표현을 자주 사용할수록 자존감이 높아진다. 반면 나쁜 감정이 섞인 말과 언어폭력을 사용하면 그 말을 듣는 상대방뿐만 아니라 하는 사람 자신의 뇌도 공격을 당한다.

뇌가 공격을 당하면 어휘력, 인지능력, 감정조절능력에 문제가 생긴다. 또한 나쁜 말을 들으면 우리는 인지적 각성 상태가 되어 다시 감정적인 말을 하게 된다. 언어폭력으로 인한 악순환이 시작되는 것이다.

==칼의 상처는 아물면 낫지만, 말의 상처는 마음속에 남는다.==

다음에 나온 언어폭력 종류들을 살펴보고 자신은 그러한 언어를 습관적으로 사용해오지 않았는지 점검해보자. 자신이 사용한 말들은 상대방에게만 한 것이 아니라 사실은 자기 자신에게도 한 말이나 다름없다는 사실을 반드시 기억하자.

배경 공격하기

: 상대방의 출신이나 배경을 비난하거나 비방하는 언어표현

(예) 중대장이 소대장에게 "이거 뭐 이등병만도 못하는군. 그러면서도 네가 ∞ 출신이냐?"라고 출신을 비하하는 폭언을 함. (모욕죄에 해당)

능력 공격하기

: 능력을 비난하는 표현으로 군내 언어폭력의 대다수를 차지함

(예) 중사가 후임 하사에게 "병사만도 못한 버러지 같은 놈아. 이 쓰레기야. 네가 그러고도 간부냐? 너보다 이등병이 낫겠다." 등의 욕설을 하여 이를 견디지 못한 하사가 분신자살함. (모욕죄에 해당)

외모 공격하기

: 상대방의 생김새, 외모, 옷차림 등을 비난하거나 비방하는 표현

(예) "이상하게 생기고 웃기게 생겼으니 군인 말고 개그맨을 해라." 라고 하면서 상관을 모욕함 (상관모욕죄에 해당)

저주하기

: 상대방에게 재앙이나 불행이 일어나기를 바라는 악담을 함

(예) 간부가 자신의 볼펜이 없어진 것을 이유로 소속대 병사를 생활관에 집합시킨 후, "가져간 놈은 자식을 낳으면 3대까지 창녀 된다." 와 같은 폭언과 욕설을 함. (모욕죄에 해당)

인격 모욕하기

: 상대방을 비하하거나 무시하는 상스러운 표현을 함

예) 하사가 병사에게 "우리 분대장은 ○○나 무능력해.", "이 새끼들 말 ○○안 듣네." 등의 욕설을 함. (모욕죄에 해당)

긍정 언어를 사용할 때의 15가지 두뇌 자극 효과

긍정적인 언어(감사, 칭찬, 기쁨 등)를 듣거나, 말하거나, 쓰거나, 읽을 때 우리의 뇌와 신체에는 다음과 같은 변화가 일어난다.

1. 긍정적인 말 자체만으로도 부정적인 생각이 잠잠해지고 정서적으로 안정된다.

2. 식욕이나 성욕이 충족될 때와 비슷한 효과가 있다.

3. 세로토닌과 도파민 등의 호르몬 분비가 촉진된다.

4. 기쁨을 느끼는 두뇌 영역이 활성화된다.

5. 두뇌의 재충전 효과로 인해 두뇌와 신체의 스트레스가 해소되는 효과가 있다.

6. 남에게 하는 긍정적인 말뿐만 아니라 자기 자신에게 하는 긍정적인 말도 마찬가지의 효과를 일으킨다.

7. 긍징적인 언어를 자주 사용하면 실제로도 사랑, 감사, 행복의 감정이 배가된다.

8. 언어를 긍성석으로 바꾸면 생활습관과 행동 패턴도 긍정적으로 바뀐다.

9. 말의 에너지가 현실의 에너지로 연결된다.

10. 긍정적인 언어는 자기 삶의 이미지(심상)를 긍정적으로 변화시키는 힘이 있다.

11. 긍정적인 언어를 자주 사용하다 보면 자신에 대한 부정적이고 왜곡된 관점이 객관적이고 건강하게 변화한다.

12. 신체 면역력이 높아져 질병에 강해지고 회복도 빨라진다.

13. 두뇌의 회로가 바뀌어 [부정적 언어-부정적 삶]의 패턴에서 [긍정적 언어-긍정적 삶]의 패턴으로 인지 구조가 변화한다.

14. 타인에 대한 관점과 의사소통 방식이 너그러워지고 유연해진다.

15. 비하, 비난, 자책의 사고 패턴이 줄어들고, 객관적, 수용적, 긍정적 사고 패턴이 증가한다.

3. 감사 습관 생활화하기

　최근 감사 열풍이 불면서 기업, 학교, 지자체, 각종 단체에서도 감사하는 방법을 배우는 강연이 선풍적인 인기를 끌고 있다. 나아가 군에서도 건강한 군대문화 혁신의 일환으로 감사 운동에 대한 인식이 높아져가고 있다. 타인에게, 주변에, 오늘 주어진 삶에 감사하는 것을 배우려는 이들이 늘고 있는 것이다.

　이 같은 감사 열풍 근저에는 감사에 목말라하는 사회와 개인이 존재한다. 더 풍요롭고 건강한 삶을 위해 감사의 마음이 필요하다는 것을 몸소 느끼는 사람들이 많아졌다는 의미다. 실로 감사는 우리의 감정과 사고구조를 변화시키는 강력한 효과가 있다. 한 예로 심장을 신경기관의 독립된 기관으로 연구하는 신경심리학에서는 심장박동수와 감정 사이에 밀접한 연관이 있음을 증명하고 있다.

　이 이론들에 의하면 심장도 두뇌처럼 독자적인 신경기관으로서 신경 정보를 인코딩하고 처리하는 독립적인 신경 시스템을 유지하고 있다. 즉 독립적으로 학습하고 기억하며 기능적 결정을 내리는 것이다. 이때 심장은 뇌와 정보를 주고받으며 커뮤니케이션을 하는데, 이는 감사하는 마음이 뇌뿐만 아니라 심장에도 영향을 끼친다는 것을 의미한다. 이런 이론으로 볼 때 부정맥이나 심장질환은 두뇌와의 상호적 교신을 통해 다음과 같은 문제를 야기한다.

> 갑작스런 부정맥 → 불규칙한 심장박동수 → 신경질, 짜증, 불안, 공황장애 유발
>
> 약한 심장 → 부정적인 감정 → 심장병 발병률 증가

반면 감사하는 감정을 가지게 되면 다음과 같이 변화한다.

> 감사하는 마음 → 심장박동수 안정화(일정하게 유지) → 몸과 마음을 최적의 상태로 유지

이처럼 우리의 감정과 두뇌, 심장은 매우 복잡하고 밀접하게 연결되어 있다. 따라서 감사하는 습관이 삶의 변화를 야기한다는 것은 막연한 것이 아니라 의학적으로도 그 근거가 명확한 이야기다.

감사하는 사람들은 이것이 다르다

식사 때마다 감사 기도를 올리거나 속으로 감사하는 말을 되세기며 음식을 먹는 사람들을 본 적이 있을 것이다. 놀랍게도 이런 식전 기도는 질병을 예방해주고 면역기능을 향상시켜준다. 이처럼 집중해서 음식에 감사하는 동안 체내에서 신비한 백신 성분이 분비되기 때문이다. 일종의 방부제 성분으로서 위장 내에 있는 음식물이 부패하는 것을 억제시켜주는 '안티셉틴'이 그것인데, 이 면역 성분은 외부에서 침입한 질병의 진

행을 억제하고 병균의 침입을 막아주는 항독소를 만들어낸다. 감사하는 마음이 인간의 가장 기본적인 생명유지활동인 소화와 질병 방어에도 영향을 미치는 것이다.

그렇다면 매일 매사에 감사하는 습관을 가진 사람들의 삶은 그렇지 않은 사람들과 어떻게 다를까?

다양한 심리실험 및 연구 결과, 감사하는 태도를 가진 사람들의 특징은 다음과 같았다.

- 삶이 (외부 조건은 달라지지 않았음에도 불구하고) 전보다 더 행복하다고 느낀다.
- 낙천적인 생각을 전보다 자주 한다.
- 현재 하는 일에 대해 열정적이다.
- 의사결정력 및 결단력이 있다.
- 유머감각이 있다.
- 힘든 일을 처리하는 데 자신감이 있다.
- 매사를 보다 긍정적으로 바라본다.
- 상황을 열린 시각으로 바라본다.
- 타인으로부터 관대하고 친절한 사람이라는 평판을 듣는다.
- 스트레스에 강하다.
- 현재를 돌아보며 평정심을 유지한다.
- 과거를 인정하고 받아들인다.
- 앞날에 대한 비전을 세우고 목적의식을 만들며 긍정적인 계획을 세운다.
- 주의력과 지적 능력이 높아진다.

- 자기만의 신념에 대해 확신을 갖는다.

- 자신이 지니고 있는 모든 것에 만족감을 갖는다.

- 자신이 지니지 못했거나 부족한 것을 성취하도록 동기부여가 생긴다.

- 숨어있던 잠재력, 한계를 넘을 수 있는 능력을 발휘한다.

- 자신의 삶에 자부심이 있다.

- 주변 사람들을 소중히 생각하여 인간관계가 전반적으로 좋다.

이처럼 감사 습관이 몸에 밴 사람은 웬만한 어려움에는 굴하지 않는다. 좋긴 나쁘건 모든 상황에서 미덕과 장점을 찾아내기 때문이다. 하지만 감사 습관이 익숙하지 않은 사람이라면 대체 이들이 무엇에 감사하는지, 자신은 무엇에 감사해야 할지 갈피가 잡히지 않을 것이다. 그렇다면 우리는 대체 무엇에 감사해야 하는 걸까?

감사에도 종류가 있다

지금 처한 상황이 고통스럽게 느껴지고, 내가 가진 것이 남들에 비해 부족하게 느껴질 때도 과연 감사의 마음을 가질 수 있을까? 그에 대한 답은 '그렇다' 이다.

이를 이해하려면 우선 감사에도 세 종류가 있음을 숙지해야 한다. 감사에는 "남들보다 나으니까 감사"한다는 우월적 감사, "~하니까 감사"한다는 조건을 단 감사, "~함에도 불구하고 감사"한다는 무조건 감사가 있다.

⟨1⟩ 우월적 감사

: "내가 남보다 잘나고 잘 돼서 감사합니다."

- 남보다 부유해서, 남보다 많이 가져서, 남보다 잘되어서, 남보다 성공해서, 남보다 부유한 부모 밑에서 태어나서, 남보다 출세해서, 남과의 싸움에서 이겨서, 남들보다 좋은 부대에 좋은 주특기를 받아서 감사하는 것이다.

- 자신에 대한 우월감과 타인에 대한 이기심에 기반을 둔다.

- 진정한 의미의 감사가 아니다.

⟨2⟩ 조건부 감사

: "감사할 일이 있으니 감사합니다."

- 복권에 당첨되어서, 좋은 학교에서 입학하게 되어서, 좋은 직장에 입사해서, 운 좋은 일이 생겨서, 좋은 선물을 받아서, 포상 휴가를 받아서 감사하는 것이다.

- 감사할 일이 있어야만 감사하는 것이다.

- 감사할 일이 생기지 않으면 감사하다는 생각을 하지 못하는 것이다.

- 대부분의 사람들이 갖고 있는 감사에 대한 개념이며, 진정한 감사는 아니다.

⟨3⟩ 무조건 감사

: "오늘 하루와 제 삶에 그저 감사합니다."

- 주어진 상황이 행운이든 불행이든 어떠한 상황에서도 감사하는 것이다.
- 설령 고난과 역경이 와도 '그럼에도 불구하고' 감사할 수 있는 뭔가를 찾아내는 것이다.
- 나쁜 일이 닥쳤을 때라도 여전히 감사할 수 있다. 그리고 불행을 행운으로 전환시킬 기회를 찾아낸다.
- 특정한 조건 때문에 감사하는 것이 아니라 의지적, 의식적으로 감사하는 것이다.
- 진정한 의미의 감사이다.

시청각장애를 딛고 우뚝 선 세계적인 위인인 헬렌 켈러는 '3일 동안만 볼 수 있다면(Three Days To See)' 이라는 글에서 감사의 진정한 의미를 설파해 전 세계인에게 깊은 감동을 주었다. 그녀는 만약 3일 동안 두 눈으로 세상을 볼 수 있다면 무엇을 하고 싶은지를 다음과 같이 썼다.

"첫째 날에는 친절과 겸손과 우정으로 내 삶을 가치 있게 만들어준 사람들을 보고 싶다. 몇 시간이고 물끄러미 바라보면서 마음 속 깊이 간직하겠다. 오후가 되면 오랫동안 숲 속을 산책하면서 바람에 나부끼는 나뭇잎과 들꽃, 그리고 석양에 물든 노을을 보고 싶다.
둘째 날에는 새벽에 일찍 일어나 밤이 낮으로 바뀌는 가슴 떨리는 기적을 보고 싶다. 그리고는 박물관으로 가서 손끝으로만 만지던 조각품들을 보면서 인간이 진화해온 궤적을 눈으로 볼 것이다. 저녁에는 영화나 연극을 볼 것이다. 그리고 밤하늘의 별들을 바라볼 것이다.

셋째 날에는 아침 일찍 큰 길에 나가 사람들의 얼굴을 보고 싶다. 도시 여기저기에서 그들이 활기차게 일하며 살아가는 모습을 보고 싶다. 저녁이 되면 네온사인 반짝이는 쇼윈도의 물건들을 볼 것이다. 집으로 돌아와서는 사흘 동안만이라도 볼 수 있게 해주신 하나님께 감사의 기도를 드릴 것이다. 그리고 암흑의 세계로 돌아갈 것이다."

- 헬렌 켈러

이 글귀를 읽고 어떤 생각이 드는가? 여러분은 눈앞에서 흔들리는 아름다운 나무들, 땀을 식혀주는 상쾌한 바람에 감사한 적이 있는가? 여러분의 곁을 묵묵히 지켜준 사람들에게 감사를 표현한 적이 있는가? 그런 적이 없다면 생각해보자. 앞으로 어떤 방식으로 감사를 시작할 것인가?

감사 습관, 이렇게 시작하면 쉽다

감사에 정해진 규칙은 없다. 그럼에도 감사 습관도 살펴봐야 할 지름길은 있다. 평소에 감사할 거리를 찾기 어렵다면 다음 세 단계를 익숙할 때까지 하나씩 밟아보도록 하자.

Step1. 일상성
☞ **평범하고 일상적인 것부터 감사한다.**

- 지금까지 삶을 지속하게 해주는 내 몸과 건강에 감사한다.
- 재해가 발생하지 않은 오늘의 날씨에 감사한다.
- 의식주를 영위할 수 있었던 오늘에 감사한다.
- 현재 하는 일이나 직장생활에 감사한다.
- 현재 군복무를 할 수 있어 감사한다.
- 숨 쉴 수 있는 공기에 감사한다.
- 마실 수 있는 식수와 씻을 수 있는 수돗물이 나오는 것에 감사한다.
- 맛있는 취사를 해준 취사병에게 감사한다.
- 나의 봉사로 인하여 다른 사람들에게 편의와 기쁨을 줄 수 있어 감사한다.
- 나를 이해해주는 전우들이 있어 감사한다.
- 나를 이 세상에 존재하게 해준 부모님과 가족에게 감사한다.
- 내 주변의 모든 것에 감사할 수 있는 나 자신에게 감사한다.

Step2. 의도성
☞ **떠올라야 감사하는 것이 아니라 의도적, 의식적으로 감사하는 것이다.**

- '장미꽃 가시 감사' 처럼 가시(부정적인 면)를 보지 않고 장미(긍정적인 면)만을 의식적으로 찾아서 감사하는 것이다.
- 감사한 마음이 절로 들 때까지 수동적으로 기다리는 것이 아니다.

- 일부러, 능동적으로, 의도적으로 감사의 마음을 갖기로 마음먹는다.
- 뭔가를 성공하거나 이룬 후에 감사하는 것이 아니라, 성공을 실현하기 위하여 나아가고 있는 현재의 과정과 그 과정을 일구고 있는 자기 자신에게 감사하는 것이다.

Step3. 습관성
☞ **간단한 것부터 습관화하는 것이다.**

- 감사기도나 명상, 사색 등으로 내면을 연습한다.
- 감사일기나 감사편지 등 쓰는 행위를 통해 연습한다.
- 가족이나 동료, 선후배, 주변 사람들에게 직접 감사를 말로 표현한다.
- 하루 중 일정한 시각을 정해 감사한 일을 작성한다.
  예) 매일 밤 취침 전(이때가 제일 좋다), 매일 아침 일어난 직후 등
- 취침 전에 감사하면 감사의 기억이 수면 중에 고착화되어 긍정적인 정서가 함양된다.
- 기상 시에 감사하면 일상생활에서 감사한 일을 더 잘 찾을 수 있다.

이 세 단계는 서로 유기적으로 연결되어 있어서 번갈아 실천할수록 강력한 시너지를 내게 된다. 하루 24시간 매분 매초마다 수많은 다른 감정들이 오갈 때, 이 세 가지를 항상 염두에 두고 생각을 맞춰보는 연습을 해보자.

감사 언어 : 오늘부터 삶을 변화시킬 50가지 감사 한 마디 따라해보기

1. "정말 잘했다." - 남이나 자신을 칭찬하기
2. "대단하다." - 긍정적인 변화나 사건을 각인하기
3. "다행이다." - 어려운 상황 극복하기
4. "끝내준다." - 힘을 고취시키기
5. "좋다." - 긍정적인 면 재확인하기
6. "좋은 생각이다." - 인정하기
7. "할 수 있다." - 불가능성보다 가능성 보기
8. "전보다 나아졌다." - 개선 과정과 가능성 평가하기
9. "해냈다." - 성취를 장려하기
10. "너는 해낼 수 있을 것이다." - 타인을 격려하여 잠재력 끌어내기
11. "다음에는 이번보다 잘할 수 있을 것이다." - 실패 결과보다 발전 가능성 높이 보기
12. "그렇게 하면 된다." - 응원하고 북돋우기
13. "충분히 이해한다." - 공감하기
14. "믿는다." - 신뢰성 형성하기
15. "앞날이 밝다." - 미래지향적으로 사고하기
16. "응원한다." - 힘을 실어주기
17. "조급할 것 없다." - 긴장을 풀게 하기
18. "이미 잘하고 있다." - 효율감 높이기
19. "덕분이다." - 동료애와 협동심 고취시키기

20. "걱정하지 마라." - 긍정적인 면 끌어내기
21. "얼마든지 지금보다 잘할 수 있다." - 능력을 발휘하게 하기
22. "이만하면 되었다." - 다독이기
23. "힘내라." - 지지하고 격려하기
24. "네 생각도 맞다." - 수용하기
25. "이룰 수 있다." - 목적 달성하게 하기
26. "네 마음 안다." - 위축된 마음 풀어주기
27. "최고다!" - 좋은 점, 잘한 점을 적극 칭찬하기
28. "넌 좋은 부하(동료)다." - 아랫사람이나 동료와 함께하기
29. "너한테 이런 면이 있을 줄 몰랐다." - 타인의 새로운 장점 발견하기
30. "나에게도 가르쳐줘라." - 타인의 특출한 장점 칭찬하고 활용하기
31. "두려워할 필요 없다." - 두려움 없애고 용기 실어주기
32. "그까짓 거 하면 되지!" - 자신감 극대화시키기
33. "해봐." - 가능성 일깨우기
34. "나도 그랬다." - 어려움에 대해 공감하기
35. "결코 부족하지 않다." - 단점 축소시키기
36. "최선을 다하자." - 현재의 노력 중시하기
37. "처음부터 잘하는 사람은 없다." - 서투름에 대해 격려하기
38. "배우는(개선되는) 속도가 빠르구나." - 발전을 높이 평가하기
39. "정말 놀랍다!" - 성취한 것을 칭찬하기
40. "기분 좋다." - 긍정적인 기분 전파하기
41. "감동적이다." - 좋은 감정을 나누기
42. "결과보다 과정이다." - 더 노력하게 만들기

43. "전문가가 다 되었다." - 잘하는 점 이끌어내기

44. "들을 준비가 되어 있다." - 소통을 장려하기

45. "네 의견을 존중한다." - 소통을 중시하고 실천하기

46. "네 생각을 말해봐라." - 타인의 다양한 의견 고려하기

47. "극복할 수 있다." - 위축감 덜어내기

48. "네가 있어 다행이다." - 타인의 자존감 높여주기

49. "그래, 인정한다." - 부정하기 전에 먼저 긍정하기

50. "네 잘못이 아니다." - 책임감 함께 나누기

출처 : 〈약이 되는 칭찬, 독이 되는 칭찬〉, 김범준

7장

감사를 습관화하는 실전 로드맵

> 바보라도 칭찬해 주어라.
> 그러면 그는 쓸모 있는 사람으로 발전할 것이다.
>
> - 외국 속담

잠깐만! 요약해서 먼저 들여다보기

앞서 감사하는 인생의 의미와 필요성을 살펴보았다면,
이제는 이를 실전으로 옮겨 내 삶의 한가운데로 가져올 때이다.
다음은 감사 연습을 일상 속에서 할 수 있는 법칙으로 제시한 것이다.
이른바 '3·6·5 행복운동' 이다. 그렇다면 '3·6·5 행복운동'에서
각각의 숫자가 의미하는 바는 무엇일까?
이것은 우선 '365일 매일 실천하자' 는 뜻을 담고 있다.
각각 숫자의 구체적인 뜻은 다음과 같다.

3 : 매일 3명씩 칭찬하고 격려하기
6 : 매일 6가지의 자기축복 카드를 선포함으로써 긍정적인 자아상 확립하기
5 : 매일 5가지씩 감사일기 쓰기

보기에는 쉬워 보이지만 이것을 꾸준히 해내는 일은 적절한 동기 부여가
없다면 쉽지 않다. 하지만 이 규칙에 따라 조금씩 자신과 타인에게
감사를 표현하는 습관을 들이면, 타인과 외부상황으로 인한 감정적
분노 대신 굳건한 용기로 스스로를 더욱 강인하게 다듬을 수 있다.

1. 매일 3명씩 칭찬하기

선진병영 문화를 정착시키기 위하여

  필자의 가장 큰 소망은 다음과 같은 선진 병영 조직문화가 정착되는 것이다.

- 복무기간이 새로운 자기계발과 자기발견의 기회가 되는 군대
- 불의의 사고가 일어나지 않는 군대
- 폭력이나 구타, 가혹행위가 '제로' 인 군대
- 부대원 간에 존경하고 배려하는 군대
- 화합과 단결, 소통과 협업이 이루어지는 군대
- 고품격, 고가치를 지향하는 군대

  필자는 이를 위해 가장 필요한 것은 부대원들의 자존감을 향상시킬 수 있는 혁신운동을 전개해 가는 것이라고 생각했다. '나의 삶을 행복으로 이끄는 3·6·5 행복운동' 도 그렇게 시작되었다. 대령 지휘관 시절부터 이 운동을 열정적으로 실행했고, 그 와중에 크고 작은 마음의 상처를 입고 입대한 병사들이 이 교육과정을 통하여 마음을 열고 회복하는 많은 사례들을 접하는 행운을 누릴 수 있었다.

또 하나 느낀 바는 장병들의 자존감을 높이는 교육과 캠페인이 일회성 행사가 아닌 지속성 행사로 자리 잡아야 한다는 점이다.

즉 이런 교육은 부대별 병영생활 전반에 걸친 군대문화 혁신운동으로 실시해야 더욱 효과적이다.

특히 자존감을 높이는 교육은 병사들을 교육하는 지휘관과 상급 간부들부터 받아야 한다. 그래야 이들이 병사들의 자존감도 지도할 수 있다. 때문에 필자는 간부 교육의 중요성을 인식하고 교육시 준장 시절에는 간부 과정이 입교힐 때나 '행복플러스 특별강좌' 라는 교육을 했다. 또한 매주 특기병들에게도 기쁜 마음으로 '자존감 높이기' 전도사 역할을 자처해왔다. 자존감이 높아져 서로 존중과 배려를 할 수 있어야 군생활에 대한 동기부여가 형성되어 모두의 자발적인 참여와 협동이 이뤄진다는 믿음 때문이었다.

나아가 이런 자발적이고 협조적인 문화가 군 전반으로 확산될 수 있다면, 각종 사고들을 미리 예방할 수 있을 뿐만 아니라 전투력도 크게 향상될 수밖에 없을 것이다.

내가 몸담은 부서에서 'CEO' 되기를 선언하라

인간은 기대와 칭찬을 받으면 실제로 그 기대와 칭찬처럼 된다. 앞서 설명했던 '피그말리온 효과' 가 그것이다. 사람의 몸이 먹는 음식대로 만들어지는 것처럼 타인이 어떻게 기대하느냐가 그 사람의 변화에 커다란 영향력을 끼친다.

특히 '3 · 6 · 5 행복운동'의 3, 즉 '매일 세 사람씩 칭찬하고 격려하자'는 군의 일상생활 속에서 피그말리온 효과를 실천에 옮길 수 있는 가장 쉽고도 빠른 방법이다. 동료, 상급자, 하급자에게 칭찬, 격려, 감사의 표현을 자주 하는 것이다.

앞서 '말의 놀라운 힘'에 대하여 강조하였듯이, 내뱉은 말은 어떤 식으로든 부메랑이 되어 자신에게도 영향을 미치게 된다. 그러므로 먼저 상대방을 칭찬하자. 그러면 상대방도 기분이 '업' 되고 나도 기분이 '업' 되어 자기치유와 회복 기능이 작동하게 된다.

실로 칭찬 효과를 연구한 결과에 따르면, 칭찬 받는 사람보다 칭찬하는 사람의 행복지수가 더 높다고 한다. 칭찬이 행복을 불러오는 셈이다. 사람은 누구나 인정 받고 칭찬 받아야 건강하게 살아갈 수 있고, 자기 치유와 회복 기능을 유지할 수 있다. 따라서 다른 사람을 칭찬하는 것은 곧 자기 자신을 칭찬하는 것이 되어 자존감이 향상되고 행복감을 가질 수 있다. 반면 아무리 마음속으로 격려와 감사의 마음을 가지더라도 이를 말로 표현하는 것과 안 하는 것은 전혀 다른 효과를 낳는다.

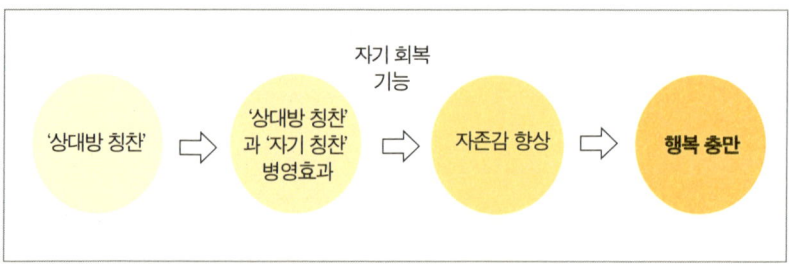

어렵게 생각할 수도 있지만, 여기서 말하는 칭찬, 격려, 감사의 한 마디는 사실 간단하고 쉬운 말들이다.

- **칭찬 표현하기**
(예) "저번보다 훨씬 나아졌어." "정말 잘했는데?"

- **격려 표현하기**
(예) "너무 애썼네. 다음에도 부탁할게." "수고했어."

- **감사 표현하기**
(예) "다 네 덕분이야." "고마워."

위와 같은 인사말들을 모르는 사람은 없을 것이다. 그러나 오히려 너무 잘 알고 있어서 막상 표현하기가 어려울 수도 있다. 하지만 이렇게 생각해보자. 흔히 기업의 '최고경영자'를 CEO(Chief Executive Officer)라고 한다. 모든 사람이 CEO는 될 수 없다. 하지만 새로운 의미의 CEO(Chief Encouragement Officer) 즉 '최고격려자'는 누구나 될 수 있다.

자신이 속한 부대, 자신이 속한 부서, 자신이 속한 집단에서 오늘부터 3명씩 칭찬하고 격려하여 '최고격려자(CEO : Chief Encouragement Officer)' 되기 운동을 전개해보자. 기분과 분위기가 사뭇 달라짐을 느끼게 될 것이다.

| 생각해보기 |

칭찬과 격려를 잘하는 방법

- 상급자는 하급자가 일하는 과정을 지켜보면서 격려할 일을 적극적으로 발굴해야 한다.
- 하급자를 칭찬하거나 격려할 일이 생기면 타이밍을 놓치지 말고 '지금 당장' 칭찬하라.
- 칭찬할 때는 결과가 아닌 과정에 집중해야 지속적으로 동기 부여를 시킬 수 있다.
- 상대를 비판하기 위하여 다른 사람을 칭찬하지 말아야 한다. 그것은 비판 또는 질책일 뿐이다.
- 칭찬할 때는 쿨하게 칭찬 자체로 끝내야 효과가 있다. 절대 조건을 붙이거나 사족을 달지 말아야 한다.

2. 축복카드 쓰고 말로 선포하기

매일 6가지씩 자신을 위해 축복하기

병사들은 항상 걱정 많고 불안할 수밖에 없다. 미래에 부딪칠 일들을 '근심과 걱정'이라는 상자에 포장해 현실이라는 시간 속에서 끌어안고 있기 때문이다. 특히 타고난 환경에 따라 '금수저' 또는 '흙수저'로 나뉠 수밖에 없는 지금의 사회적 상황이 그런 불안을 더욱 가중시킨다. 제대로 시도조차 해보지 못한 채 좌절감을 겪는 젊은이들이 더 많아지고 있는 것이다.

이런 불안을 생산적이고 희망적인 에너지로 변화시키기 위한 구체적인 방법은 매일 '자신을 위한 축복카드'를 작성하는 것이다.

자신의 자존감을 높여주고 힘을 불어넣는 메시지들을 작성한 뒤, 아침이나 저녁 중 일정한 시각에 10번씩 큰소리로 선포해보자.

1단계 : '말'로 선포하기
2단계 : '긍정적인 자아상'을 그리며 '마음'으로 품기
3단계 : '생활' 속에서 실현시키기

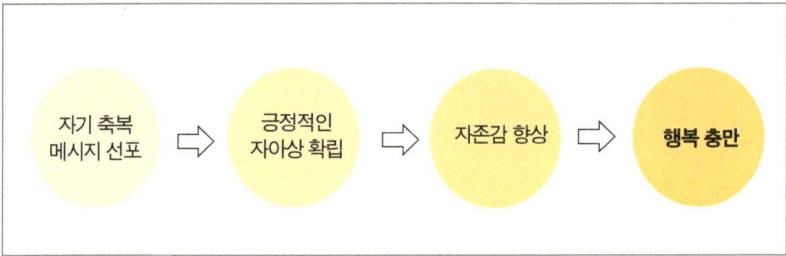

누구나 선포할 수 있는 '자기축복 메시지'에는 다음과 같은 것들이 있다.

- 나는 사랑하는 내 어머니와 아버지의 귀한 아들이다.
- 나는 세상 누구도 갖지 못한 나만의 영혼과 시선을 가진 유일무이한 존재다.
- 나는 타인의 자존감도 존중해 줄 수 있다.
- 나는 남을 먼저 배려할 줄 알며, 타인을 험담하거나 기만하지 않는다.
- 나에게는 꿈과 비전이 있으며, 그걸 실현할 능력을 가지고 있다.
- 나는 뭐든지 이해할 수 있고 받아들일 수 있는 사람이다.
- 나는 평정심을 유지할 수 있는 사람이다.
- 위기와 역경은 오히려 나를 강하게 만들어주고 정제시키는 원동력이다.
- 나는 유머감각을 높여 어떤 사람이든 나를 좋아하게 할 것이다.
- 나는 이곳에 온 것을 감사하게 생각하고 열심히 복무 할 것이다.
- 나는 부정을 긍정으로 바꾸는 힘이 있다.

긍정적인 자아상 확립 훈련하기

'지금 이 순간'의 나, '오늘'의 나에 대한 축복의 메시지를 작성했다면 이제는 추구하고자 하는 앞으로의 모습, 되고 싶은 모습을 떠올리며 '건강한 자아상'을 작성해보자.

과연 1년 후에 나는 어떻게 달라져 있을 것인가? 5년 후에는 무엇을 하고 있을 것인가? 10년 후, 20년 후에는 어떤 모습으로 살고 있을까?

- 1년 후의 내 모습 그려보기

(예) "나는 1년 후 전역할 때 최고의 몸짱이 될 것이다."

"나는 1년 후 전역할 때 독서왕이 되어 있겠다."

"나는 1년 후 100권의 책을 읽은 사람이 될 것이다."

"나는 1년 후 지금 하고 있는 공부를 마쳐 놓을 것이다."

- 5년 후의 내 모습 그려보기

(예) "나는 5년 후 김태희처럼 예쁜 여자 친구와 결혼하여 행복하게 살고 있을 것이다."

"나는 5년 후 내가 원하던 직장에서 능력을 펼치고 있을 것이다."

- 10년 후의 내 모습 그려보기

(예) "나는 10년 후 멋진 가장이자 자상한 아빠가 되어 있을 것이다."

"나는 10년 후 내가 꿈꾸던 가게를 차려 사장님이 되어 있을 것이다."

1년 후, 5년 후의 미래의 자아상을 그려보았다면, 그것을 실천하기 위해 가장 먼저 해야 할 일은 무엇일까? 예를 들어 '몸짱'이 되고 싶다면 오늘부터 체력단련에 매진해야 할 것이고, '독서왕'이 되고자 한다면 그동안 이런저런 핑계로 덮어두었던 책을 펼쳐야 할 것이다.

이처럼 장래의 내 모습을 위해 당장 실천할 수 있는 6가지를 찾아서 매일 10번씩 말로 선포해보자.

현재 열심히 하고 있는 나를 축복하자. 미래의 나에 대해 긍정적인 '이미지메이킹'을 해보자. 불필요한 불안과 걱정에서 자유로워지고 새롭게 자신을 바라볼 수 있는 능력이 생길 것이다.

3. 감사일기 쓰기

매일 5가지씩 감사하기

　자존감을 높이고 건강한 자아상을 지속시키려면 이 모든 것들을 내 몸의 일부인 것처럼 만드는 것이 중요하다. 꾸준한 훈련을 통해 습관으로 만드는 것이다. 여러 방식이 있겠지만 많은 전문가들이 권유하고 필자 자신도 손꼽는 가장 좋은 방법은 매일 '감사일기'를 쓰는 것이다.

　일기라고 어렵게 생각하거나 길게 쓸 필요는 없다. 매일 5가지 정도씩 감사한 일들을 쓰면 된다. 이 간단한 과정만으로도 예전에는 당연하다고 생각했던 것들이 더 이상 당연한 것이 아니라 감사할 일이라는 것을 몸소 체험하게 된다.

　필자의 경우, 가령 매일 아침에 건강하게 일어날 수 있는 것도 감사하다. 맛있는 된장찌개를 끓여 준 아내에게도 감사하고, 출근해서 부대원들의 건강한 모습을 보는 것도 감사하다. 이처럼 마음만 바꾸면 아무 것도 아닌 듯한 일상의 하나하나가 감사의 대상으로 다가오게 된다. 처음에는 어려울지 몰라도 막상 시도해보면 아마도 매일 수많은 '감사제목'들이 여러분을 기다리고 있을 것이다.

감사 일기의 기본 원칙

감사 일기를 쓰는 가장 기본은 매일 취침 직전에 오늘 하루 감사했던 기억들을 상기하는 일이다. 감사 일기를 꾸준히 쓰기 위해서는 다음과 같은 기본 원칙들을 숙지해야 한다.

- 하루에 5가지 이상 써라.
- 매일 예외 없이 써라.
- 처음 시작할 때 최소 3주 이상 매일 써라.
- 점차 1년 365일 매일 쓰는 습관을 들여라.
- 매일 일정한 시각을 정해 놓고 규칙적으로 써라.
- 긍정적인 표현과 어휘를 주로 사용하라.
- 현재 상황을 구체적으로 기술하라.
- 당연하게 생각했던 사소한 것부터 감사의 대상으로 삼아라.
- 이제까지 한 번도 감사하다고 생각하지 못했던 것들에게 감사하라.
- 좋은 일뿐만 아니라 나빴던 일, 힘들었던 일도 감사하라.
- 쓴 것을 입으로 소리 내어 읽어보아라.

(예) 오프라 윈프리가 쓴 감사 일기

1. 오늘도 잠자리에서 가뿐히 일어날 수 있어 감사합니다.
2. 푸른 하늘을 볼 수 있어 감사합니다.
3. 오늘 먹은 맛있는 점심식사에 감사합니다.
4. 얄미운 동료에게 화내지 않았던 저의 참을성에 감사합니다.
5. 오늘 읽은 좋은 책의 작가에게 감사합니다.

감사의 효과에 대한 심리학 연구를 보면, 매일 감사일기나 감사기도를 실행하자 정신건강은 물론이고 신체건강도 눈에 띄게 개선되었다는 연구 결과가 있다. 감사가 습관화된 사람들은 심혈관계, 소화기계 기능이 향상되고, 심장박동수가 안정되었으며, 부교감신경이 활성화되어 심적 안정 상태를 유지한다고 한다. 또한 질병에 대한 면역력이 높아지고 활력과 에너지가 넘치고, 항암 면역도 높아졌다. 마찬가지로 규칙적으로 감사 일기를 쓰면 다음과 같은 효과가 있다.

- 자신의 생활을 새로운 관점에서 볼 수 있게 된다.
- 글로 적는 행위 자체가 심리적인 안정을 불러온다.
- 긍정적인 어휘와 표현들이 정서와 사고를 긍정적으로 바꿔 준다.
- 좋았던 일에 감사함으로써 삶의 긍정적 측면을 바라볼 수 있고, 좋지 않았던 일에 감사함으로써 부정적 측면에서도 긍정적 에너지를 발견할 수 있다.
- 손으로 글을 쓰는 행위로 인해 두뇌활동이 활성화되고 행복 호르몬이 분비된다.
- 생활에 대한 행복지수가 올라간다.
- 부대 복무 만족도가 올라간다.
- 마음속의 부정적인 시각들이 점차 제거된다.
- 사고력, 이해력, 감정조절 능력이 점차 향상된다.
- 과도한 스트레스를 줄여준다.

감사하는 마음을 글로 적어 종이에 옮겨놓는 작업이 익숙해졌다면, 이제는 그것을 언어로 구체적으로 표현할 방법을 찾아봐야 한다. 감사의 언어가 아직 쑥스럽다면 이어지는 내용들에 주목해보도록 하자.

4. 감사 표현하기

감사는 표현할 때 비로소 빛난다

다시 에모토 마사루의 〈물은 답을 알고 있다〉로 잠시 돌아와보자. 에모토 마사루 박사가 '감사합니다' 와 '사랑합니다' 로 나누어 실험해 본 결과 '감사합니다' 의 물의 결정체가 '사랑합니다' 물의 결정체보다 두 배나 더 단단했다고 한다.

이는 '감사합니다' 라는 언어가 '사랑합니다' 라는 언어보다 더 크고 긍정적인 영향을 미친다는 것을 의미한다. 감사의 에너지가 없는 회사는 망해가는 회사나 마찬가지다. 군대도 마찬가지다.

반대로, 감사 에너지가 넘치는 회사가 생산성이 향상되듯이 군대도 이런 분위기가 확산되면 부대원들 제각각이 기쁘고 열정적인 마음으로 자신의 임무에 최선을 다하게 되어 복무 만족도가 올라갈 수밖에 없다. 동료, 상급자, 하급자에게 감사하는 마음을 통해 상대방을 이해하고 소통하는 공감 능력이 향상되고, 대내외적으로 부대 위상을 크게 제고시킬 수 있기 때문이다.

하지만 감사는 마음으로 가지는 것만으로는 부족하다. 감사는 말과 행동으로 표현하는 순간 비로소 변화를 이끌어내는 힘으로 증폭될 수 있다. 아마 이 부분에 대해 많은 분들이 고개를 끄덕일 텐데, 평소에 감사하는 마음을 가지고도 그것을 표현하지 않는 경우가 훨씬 많기 때문이다. 하지만 감사를 속으로 생각만 하고 구체적으로 표현하지 않는 것은 선물을 주려고 포장까지 해놓고 전달하지 않은 것과 같다. 아무리 좋은 선물을 정성껏 포장했다 한들, 건네지 않으면 상대가 그 마음을 어떻게 알겠는가?

선물이란 전달하기 위해 마련하는 것

긍정심리학의 대가 마틴 셀리그만은 학생들에게 자신의 인생을 바꿔준 고마운 사람들에게 감사편지를 써서 직접 전달하고 오라는 과제를 내줬다. 학생들은 처음에는 성가시다고 느꼈지만 이 과제를 수행 한 후 감사의 마음이 더욱 커지고 행복감이 증진되는 것을 느꼈다.

당연하게 여겼던 주변 사람, 사소하게 생각했던 일들에 대해 감사를 표현하자. 존경이나 경의의 마음을 속으로만 생각하지 말고 말로 표현해보자. 오늘 아침 점호 때 별일이 없었다면 이 또한 감사를 표현할 만한 일이다. 전 병력이 건강하게 하루 일과를 시작했다면 그것만큼 감사한 일도 없을 것이다. 다음을 매일같이 실천해보자.

- 나를 도와준 사람(동료, 상급자, 하급자)에게 감사 인사말을 건네자.
- 전화응대 시 처음과 말미에 감사의 인사말을 빼놓지 말자.
- 고객에게 감사를 표현하자.
- 부모님, 가족, 친구, 동료 등 내 삶에 큰 영향을 끼친 사람들에게 감사 편지를 써보자.

이처럼 감사를 표현하는 것은 삶을 행복하게 만들 수 있는 가장 결정적이고 장기적인 방법이다.

| 생각해보기 |

● **감사 편지의 놀라운 효과**

덕성여대 심리학과 오영희 교수는 최근 한 일간지에 기고한 글에서 "감사편지는 편지를 받는 상대방뿐만 아니라 편지를 쓰는 본인에게도 좋은 효과가 있다"며 감사편지의 놀라운 효과를 소개했다. 한편 오 교수는 "감사편지 쓰기는 쓰는 사람이나 상대방 모두에게 좋은 효과가 있다는 연구결과가 있다"며 미국 켄트 스테이트대학의 토퍼 박사가 학생들을 대상으로 실시한 감사편지 쓰기 프로그램을 소개했다. 6주 과정의 이 프로그램은 학생들에게 2주에 한 통씩 자신의 삶에 강한 영향을 준 사람에게 감사편지를 쓰게 하는 것으로, 편지를 쓰는 기준은

① 긍정적이면서도 적극적으로 감정을 드러내고
② 성찰과 반성을 담으며
③ 사소한 문제를 언급하지 말고
④ 높은 수준의 감사와 고마움을 표현하라는 내용이다.

그런데 실험결과 감사편지를 쓴 대부분의 학생들은 행복감과 만족감을 느낀 것으로 나타났다. 이같은 결과에 대해 토퍼 박사는 "솔직히 감정을 드러내는 감사편지 쓰기'가 건강을 증진시키며, 우울증을 감소시키고, 면역력 향상, 성적 향상 등의 효과를 거둔다는 사실이 밝혀졌다"고 밝혔다.

한편 최근에 급속히 발전하고 있는 긍정심리학에서는 '감사'를 연구주제 중의 하나로 잡고 있다면서 오 교수는 긍정심리학의 창시자인 셀리그만(Seligman) 박사가 행복하게 살 수 있는 실천적 전략 중의 하나로 '감사방문'을 제안한 바 있다고 소개했다.

"이 감사방문의 핵심은 사전에 감사편지를 쓰는 것으로부터 시작한다. 감사방문의 절차는 방문할 상대방에게 연락하고, 감사편지를 쓰고, 상대방을 방문해서 큰 소리로 상대방에게 감사 편지를 읽어주는 것인데 그렇게 하면 거의 모든 상대방이 감동하며 행복해 한다는 것이다."

[감사신문 33호] 2011년 06월 01일 정운현 객원기자

5. 용서하기

용서는 가장 위대한 치유

　용서는 인간의 가장 큰 미덕이다. 나에게 잘못한 상대를 용서하면 상대도 자연스레 나에게 감사의 마음을 품게 되고, 그 감사의 마음이 나에게도 전해져 또 다른 감사로 이어지게 된다.

　아프리카의 한 부족은 부족민이 잘못을 저질렀을 때 매우 특이한 방법으로 재판을 한다. 먼저 잘못을 저지른 사람을 마을 중앙의 공터로 데리고 온 다음 마을 사람들이 주위를 빙 둘러싸고 그를 지켜본다. 이윽고 부족장이 시작을 알리면, 모든 마을 사람들이 한 사람씩 차례대로 뭔가를 큰소리로 외친다. 그런데 놀랍게도 사람들이 외치는 그 말들은 원망이나 비난이 아니라, 그 사람이 예전에 했던 착한 일이나 그 사람의 장점들이다. 그를 향해 욕설이나 비판 대신 장점, 선행, 용서의 말들을 건네는 것이다. 죄를 지은 당사자는 그동안 고개를 푹 숙이고 그 말들을 듣는다. 마을 사람들이 용서와 칭찬의 말들을 다 했을 때쯤에는 진심으로 죄를 뉘우치며 눈물을 흘린다.

　단죄보다 더 큰 변화를 일으키는 용서와 화해의 힘, 이것이야말로 문명 사회의 그 어떤 철두철미한 사법체계보다 뛰어난 것이 아닐까?

놀라운 용서 프로젝트

물론 나를 화나게 한 사람, 나에게 실수한 사람, 나에게 해를 끼친 사람을 용서하는 것은 무척 어려운 일이다. 미움에는 노력이 필요하지 않지만, 용서에는 의지와 노력이 필요하다. 때로는 도저히 용서할 용기를 내기 어려운 경우도 있다. 그러나 심리학자들은 남을 용서하는 생각과 행동이야말로 마음의 자유를 얻고 행복한 감정을 되찾게 해준다고 말한다.

미국에서 벌어진 다음과 같은 사례들은 많은 사람들로 하여금 용서의 의미를 다시 한 번 되새겨보게 만든다.

〈용서 프로젝트의 예1〉

미국인인 래리는 베트남전 참전용사였다. 전쟁이 끝나고 고국으로 돌아왔지만 자신의 동료들을 죽음에 이르게 한 적군에 대한 분노와 증오심을 떨쳐버리기 어려웠다.

어느 날 그는 신문에서 눈에 띄는 소식을 접했다. 전쟁에 참전했던 퇴역군인들이 함께 베트남에 가서 예전에 적군이었던 베트남 병사들을 만나는 '용서' 프로젝트였다. 래리는 이런 일이 과연 무슨 소용이 있을까 싶었지만 다른 참전용사들과 함께 베트남으로 향했다.

거기서 그는 상상하지 못했던 상황을 겪었다. 늙은 베트남 병사들은 미국에서 온 참전용사들을 환영하면서 눈물을 흘리고 화해와 용서를 구하였다. 그제야 비로소 래리도 증오와 미움이 사라지는 것을 느꼈다. 베트남 병사들을 만나고 온 그는 다음과 같이 말했다.

"비록 임무였지만 다른 상황에서라면 결코 하지 않았을 일들을 저지른 젊고 순진했던 시절의 나 자신을 비로소 용서할 수 있었다. 다른 사람을 용서한 덕분에 그동안 닫혀 있던 내 마음의 문을 열 수 있었다."

〈용서 프로젝트의 예2〉

병사들 중에 자존감이 유독 낮은 이들이 있다. 필자는 이들을 조사하면서 한 가지 사실을 발견했다. 그들은 대체로 아버지와의 관계가 나쁜 경향이 많았다. 대령으로 복무하던 시절 필자는 이를 치유하는 장으로서 '열린예비아버지학교'를 운영한 적이 있다.

이곳에서 필자는 아버지와의 관계를 되돌아보고 차후 아버지가 되었을 때 어떻게 아들과 대화하고 소통해야 하는지를 장병들에게 교육했다. 생각보다 많은 장병들이 아버지로 인한 상처를 가지고 있었고, 아버지에 대한 분노가 자신들의 삶에 지대한 영향을 미치고 있음을 깨달았다.

이후 프로젝트가 진행되면서 그들은 아버지를 용서하는 것만이, 평생을 괴롭히던 상처와 분노에서 해방될 수 있는 유일한 방법임을 확신하게 되었다.

용서의 첫걸음, 이렇게 시작하라

간디는 이런 말을 남겼다. "약한 자는 용서할 수 없다. 용서는 강한 자의 특권이다." 타인과 자기 자신을 용서하면 마음의 평화를 깨트리는 감정에서 해방될 수 있다. 자기 내면의 경험에 대해 스스로 책임지겠다고 결심하고 억울함이나 분노 대신 행복을 선택하는 것은 내면의 힘과 자유를 선언하는 행위다.

나아가 용서는 타인에게 해줄 수 있는 가장 큰 선물이기도 하다. 상처 준 사람을 용서하는 것은 그 상처로부터 자유로워지는 지름길이자, 자기 삶에도 크나큰 선물을 주는 것과 같다. 이것은 약해지는 것이 아니라 더 강해지는 길이며, 궁극적인 행복을 위한 가장 어렵고도 위대한 길이다.

전문가들은 타인으로부터 받은 상처나 피해에 집착할 경우 심적 스트레스로 인해 신경쇠약, 우울증, 정신장애에 시달리고, 이러한 심적 질환이 신체적 질환을 야기해 질병 면역력을 떨어뜨린다고 말한다. 이런 면에서 용서하지 않는 것은 상대방이 아닌 내 삶을 행복으로부터 가로막는 일일지도 모른다.

그렇다면 어떤 방법으로 용서를 실천할 수 있을까? 다음과 같은 시도들은 용서를 향한 위대한 첫걸음이 될 것이다.

1〉첫 번째 걸음 : 입장 바꿔 이해해보기

그 사람이 왜 내게 그런 상처를 줬을까? '역지사지'로 입장을 바꿔 상대의 삶을 생각해보자.

흔히 남에게 해를 끼치거나 공격적으로 구는 사람들은 알고 보면 깊은 불안과 상처에 시달려왔던 사람인 경우가 많다. 또한 강한 모습을 부적절하게 과시하고 약자를 괴롭히는 사람은 사실은 약한 모습을 들키지 않고 싶은 것일 수도 있다. 또한 스스로 감정과 행동을 통제하는 방법을 몰라서 남에게 피해를 입히거나 폭력을 행사하기도 한다.

이처럼 가해자 또한 약자이고 피해자일 수 있는 상황들을 고려해본다면, 나 자신의 상처도 좀 더 객관적으로 바라보며 극복할 수 있다.

2) 두 번째 걸음 : 상처를 준 사람에게 편지 쓰기

전문가들이 제안하는 용서의 방법 중 하나는 내게 상처준 상대방에게 편지를 쓰는 것이다. 내가 겪은 상처, 힘들었던 기억들, 분노, 원망의 감정들까지 진솔하게 써본다.

> ① 왜 분노할 수밖에 없었는지, 어떤 점이 힘들었는지를 쓰고
> ② 입장 바꿔 생각했을 때 가해자의 어떤 점을 이해할 수 있을 것 같은지를 쓰고
> ③ 그럼에도 불구하고 그를 용서할 것이며 왜 용서할 것인지 등을 쓴다.

이 편지를 상대방에게 곧바로 보낼 필요는 없다. 우선은 묵혀두고 가끔 꺼내보며 자신의 감정 변화를 살피는 정도가 좋다. 그렇게 분노의 에너지가 용서의 에너지로 천천히 변환될 때를 기다린 다음, 때가 되었다고 느껴지면 상대방에게 보내거나 혹은 편지를 완전히 없앰으로써 마음속 분노를 소멸시키는 의식을 치를 수 있다.

3) 세 번째 걸음 : 용서를 표현하기

가해자를 용서했다면, 이를 주변 사람들에게 말로 표현하거나 가까운

친구에게 털어놓음으로써 밖으로 꺼내고 표현하자. 말로 표출하는 것은 용서를 좀 더 현실로 느껴지게 만든다. 또한 이를 직접 드러냄으로써 분노와 상처가 점차 옅어지고 진정한 용서를 할 마음의 준비를 해나갈 수 있다. 이러한 과정과 노력들 자체가 스스로를 위한 치유의 시간들이 되어줄 것이다.

- 상관이 나에게 잘못한다고 했던 것을 용서한다.
- 사람들 앞에서 내게 망신준 것을 용서한다.
- 친구가 나를 이용한 것을 용서한다.
- 우울하고 힘들었을 때 친구가 내 말을 들어주지 않은 것을 용서한다.
- 선임병이 나에게 기합준 것을 용서한다.

이거알아요!

두려움을 용기로 바꾼 이순신 장군의 전략

"신에게는 아직 12척의 배가 남아 있습니다.
죽기를 각오하고 막으면 오히려 지켜낼 수 있을 것입니다.
신이 죽지 않는 한 적이 감히 무시하지는 못할 것입니다."

우리나라 사람이라면 누구나 알고 있는 명언이다. 뛰어난 지략과 탁월한 리더십으로 임진왜란이라는 절망적 상황에서 놀라운 전투를 벌인 이순신 장군이 명량대첩 직전 임금에게 보낸 편지다. 그의 지략과 전법은 세계 해군사에도 언급될 정도로 뛰어났고, 그의 리더십 또한 오늘날 현대를 사는 이들에게 끊임없이 재해석되며 의미 있는 메시지를 던지고 있다.

조선의 수군이 칠천량에서 패배했을 때 그에게 남은 것은 전선 12척 뿐이었다. 선조는 수군을 포기하고 육군에 합류하라는 명령을 내렸다. 임금은 물론 거의 모두가 조선 수군에게 승리 가능성이 없다고 여기던 때였다.

하지만 이순신은 열세인 12척의 배에서 패배가 아닌 승리를 읽음으로써 새로운 돌파구를 마련했다. 그렇다면 그는 어떻게 그런 결단을 내릴 수 있었을까? 그의 명량대첩을 영화화한 〈명량〉에서 배우 최민식이 연기한 이순신 장군은 다음과 같이 말한다.

"두려움을 용기로 바꿀 수만 있다면, 그 용기는 100배, 1000배, 큰 용기로 배가되어 나타날 것이다."

그는 모든 사람들이 '고작 배 12척으로는 아무 것도 할 수 없다' 고 했을 때, '이 배

12척으로도 할 수 있는 일이 있다' 라고 생각했다. 일반 병사들과 다른 장수들까지도 패색을 예감하고 사기가 꺾여 있을 때, 그는 수백 척의 왜선을 홀로 감당할 용기를 냈다.

또한 그는 인간적 고독과 외로움을 끝없이 감내했던 인물이기도 하다. 잘 알려져 있듯이 나라를 위해 큰 공을 세웠음에도 불구하고 중상모략으로 인해 죄인 취급을 받고 모진 고문을 받으며 한 달 가까이 투옥되기도 했다.

그럼에도 옥에서 풀려난 다음날 그가 '난중일기'에 적은 한 마디는 '옥문을 나왔다.' 가 전부였다. 인간적인 원망, 억울함, 분노도 장수로서의 용기와 품위를 꺾지 못했던 것이다.

소통하고 감사하는 리더십

실제로 '난중일기' 에서 이순신 장군이 자주 사용했던 글자 중 하나는 '위축되다' 라는 뜻의 '축(縮)' 이었다고 한다. 위협적인 왜군의 침략과 불리한 형세 속에서 나라를 지켜내야만 하는 무거운 책무, 백성들을 지켜야 한다는 절실한 책임감, 국가의 지지와 보상은커녕 견제와 모략을 홀로 견뎌야 했던 외로움으로 인해 그는 시시때때로 위축되지 않을 수 없었다.

그러나 그는 타인으로 인한 분노에 사로잡히는 대신 자신의 의지와 정신력에 더 큰 가치를 두었다. 과거보다는 미래를 생각했으며, 불가능성보다는 가능성을 찾기 위해 전략을 짜고 계획을 세웠다.

끊임없이 부하들과 토론을 하며 소통하는 리더로서의 자세를 잃지 않았고, 어려움을 함께 한 이들은 이름 없는 백성이나 천민이라도 동등하게 대하며 감사의 마음을 표했다.

영화 '명량'에서처럼 이순신 장군은 승리의 공을 오히려 '백성'에게로 돌렸다. 백성들은 그가 어떠한 중상모략에 시달리건 이 나라와 백성을 구해준 영웅은 다른 누구도 아닌 이순신 장군이라는 진실을 잊지 않고 감사했다. 그리고 그 감사의 마음은 수백 년이 지난 오늘날까지도 생생하게 이어지고 있다.

8장

감사습관 실행이 답이다

> 베푼 사람은 어떤 형태로든 더 많은 것을 받게 된다.
> 친절과 관용을 베풀거나 자원봉사를 할 때
> 실제로는 우리 자신이 더 많은 것을 얻게 된다는 것을 깨닫곤 한다.
> 타인에게 베푸는 '선심'은 실상 혜택으로 돌아올 수도 있다.
> - 월터 그린

잠깐만! 요약해서 먼저 들여다보기

어떤 고난과 시련도 극복하도록 해주는 힘은
바로 미래에 대한 희망에서 나온다.
미래가 행복하다고 믿으면 현재의 불행도 견딜 만한 것이 되기 때문이다.
하지만 미래를 지향하는 일이 쉽지만은 않다.
미래 지향적인 삶을 살려면 우선 자신만의 인생목표가 있어야 한다.
나는 내 삶에서 무엇을 이루고 살고 싶은지를 알아야 한다.
지금부터 이를 구체적으로 실행하기 위한 방편으로써,
자신의 소명을 위한 목표, 영적이고 정신적인 가치를 찾기 위한
목표, 건강한 인간관계를 위한 목표, 장·단기적 목표와 더불어 사는 삶을 위한 나눔의 목표를 실행해보자.

사명선언문 작성하기

 많은 이들이 현대를 적자생존의 사회라고 말한다. 물론 인간 사회는 어느 시대나 적자생존과 약육강식의 속성이 존재했다. 하지만 지금의 한국 사회는 개인의 노력만으로는 시련을 극복하기 어려운 그야말로 적자생존과 약육강식이 초고도화된 사회나 다름없다.
 그렇다면 이런 시대에 행복과 성공을 성취하고 더 나은 내일을 만들기 위해서는 어떻게 해야 할까? 지금 처한 상황이 아무리 힘들고 어렵더라도 미래의 이상과 목표를 향해 나아가려면 어떻게 해야 할까?
 앞서 말한 것처럼 모든 변화는 나 자신으로부터 시작된다. 또한 생각이 말로 나타나는 것이 아니라 말을 바꿀 때 생각과 행동이 바뀐다. 언어로 명시하고, 말로 되뇌고, 글로 써볼 때 비로소 변화가 시작되는 것이다.
 사명선언문을 작성하는 것도 '나와의 약속'을 가시화하고 지키겠다는 의지를 명료히 하는 가장 기본적인 실천방안이다. 이에 지금부터는 목표에 대한 구체적인 사명선언문을 작성해 수시로 확인하고 개선해 나가기 위한 요령을 제시하고자 한다.
 여기서 말하는 사명선언문은 지금 당장의 완성이 아니라 앞으로의 완성을 전제로 한 것인 만큼 그 과정에 대한 다짐을 적는 일과 같다. 인생은 완성된 후의 모습이 아니라 완성되어 가는 과정의 순간들이 가장 빛난다는 점을 기억하면 된다.

사 명 선 언 문

작성자 :　　　　　　　　　　작성일 20　 .　 .

나는 삶을 보다 나은 삶으로 변화기 위해 사명선언문에 따라 행동하며 지킬 것을 서약합니다.

1. 나는 행복한 미래를 위해 주도적인 활동을 할 것이다.
2. 좌절하거나 중간에 포기하지 않을 것이다.
3. 항상 긍정적인 사고로 내 삶의 변화를 위해 최선을 다할 것이다.
4. 감사 목표를 완성하기 위해 노력할 것이다.

　　　　　　　　　　　년　　　월　　　일

　　　　　　　　　　　서명 :

[액션 1] 소명 찾기

'오늘'은 내게 남은 인생의 '첫날'이다

 '어떻게 살아갈 것인가?'라는 질문에는 다양한 의미가 있다. '어떤 일을 하며 살 것인가? 같은 직업적, 경제적 가치도 있을 수 있고, '그걸 위해 어떤 준비를 할까?'와 같은 학업이나 진로 문제도 있을 수 있다. 그러나 이런 현실 목표와 함께 염두에 두어야 하는 것이 소명 찾기다. 어떤 정신과 삶의 태도, 어떤 철학과 가치관을 갖고 살아갈 것인가를 규정해야 한다. 그렇다면 소명에는 어떤 것이 있을까?

 긍정 심리학의 대가 마틴 셀리그만은 '전 세계의 행복지수를 증가시키는 것'이 자신의 소명이었다고 술회한다. 또한 이 소명을 달성하기 위해 꾸준한 연구와 저술활동을 진행해 전 세계 사람들에게 큰 메시지들을 전달했다. 비록 이런 거대한 목표가 아니더라도 우리 역시 자신에게 맞는 삶의 소명을 정할 수 있다.

 한 예로, 자신이 군인이라면 '책임감'을 가장 큰 소명으로 삼을 수 있을 것이고, 부모라면 '내 아이가 행복하게 웃을 수 있게 해주기'가 중심 가치일 수도 있다. 상급자라면 '하급자에게 부끄럽지 않게 모범을 보이는 생활'을 목표로 삼을 수도 있고, 다양한 고객을 상대해야 하는 직업을 가진 사람이라면 '사람들이 나로 인해 유쾌해질 수 있도록 하는 것'과 같은 소명을 가질 수도 있다.

이러한 구체적인 목표부터 시작해 '봉사와 헌신' 혹은 '정직', '최선을 다하는 것', '배우고 성장하는 것', '과거의 나를 버리고 변화하는 것' 과 같은 여러 가지 추상적인 가치관들을 삶의 중심 소명으로 설정해보자.

소명을 찾기 위한 4단계

삶의 소명과 궁극적인 목표를 찾기 위한 요령은 다음과 같다.

> **[1단계]**
> 나의 장점, 하고 싶은 일, 좋아하는 일들을 나열해보기

예) 어려운 일이 닥칠 때 보통 사람들은 좌절하지만,
　　나는 더 큰 용기를 내는 편이다.
　　나는 교직에서 아이들을 가르치는 것이 꿈이다.
　　제대 후에 임용고시를 볼 수 있도록 틈틈이 공부하고 싶다.

> **[2단계]**
> 1단계에서 쓴 것들을 바탕으로, 내가 인생에서 중요하게 생각하는 가치들

예) '용기와 성실함' 은 어떤 어려움도 극복하게 해준다.
나아가 교직은 다음 세대에 대한 '배려와 사랑' 을 일깨워주는 직업이

라고 믿는다.

> **[3단계]**
> 2단계에서 떠올린 것들을 좀 더 구체화하기

(예) "나는 사람들에게 굳건한 사람으로 기억되고 싶다."
"나는 아이들과 이야기를 나눌 때 가장 신이 나고 행복해진다."
"나는 결코 나만 아는 이기적인 사람은 되고 싶지 않다."

> **[4단계]**
> 3단계까지의 생각들을 바탕으로 자신에 대한 삶의 소명을 써보기

(예) "남을 돕는 일이 내가 할 수 있는 가장 가치 있는 일이다."
"나는 타인에게 생각을 바꿈으로써 세상을 바꿀 새로운 기회를 주고 싶다."
"어떤 일에서건 의미를 찾고 성실하게 하는 것이 좋다."

삶의 궁극적인 목표, 가치관, 소명을 찾기 위해서는 우선 할 수 있는 가장 쉽고 구체적인 일부터 찾는 것이 중요하다. 행동적이고, 쉽고, 실천적인 목표를 향해 움직이다 보면 진정 원하는 소명을 향해 자신도 모르게 나아가고 있음을 알게 될 것이다.

[액션 2] 정신적인 가치 찾기

　한 심리학자가 기억에 대한 실험을 진행했다. 한쪽 팀에게는 매일 하루 두 번씩 '지금까지 살아오면서 가장 행복했던 순간의 기억'을 떠올리며 당시의 추억을 음미하도록 한 반면, 다른 팀에게는 행복한 기억을 떠올리는 시간을 주지 않았다. 그 결과, 과거의 행복했던 추억을 음미하거나 추억이 담긴 물건을 접한 사람들의 행복감이 훨씬 높았다.

　실제로 가족이나 친구들과의 행복한 추억이 많고 이를 공유할 사람들이 있는 이들은 심리적으로 안정되고 행복감을 느낀다. 심지어 지금이 더 물질적으로 부유하더라도, 부족하지만 아기자기한 추억이 있던 과거를 그리워하며 '그때가 좋았다'고 말하기도 한다.

　즉 인간이 느끼는 진정한 행복은 물질적 가치나 경제적 성취, 사회적 지위보다는 '행복한 기억들'을 얼마나 많이 만들어 가느냐에 달려 있다. 다행인 것은, 이런 행복한 기억들은 이 순간 내 의지를 통해 얼마든지 만들 수 있다는 점이다.

사람은 영적인 존재

　인간은 영적, 종교적, 초월적 가치로 사고하는 정신적 존재다. 인간과 동물을 구분 짓는 잣대도 정신적 사고를 하느냐 못하느냐에 달려 있다. 아무리 똑똑하고 지위 높은 사람도 정신적 가치를 생각할 줄 모른다면, 인간이 성취할 수 있는 가장 중요한 것을 빠트린 것과 다름없다.

　지구상에 존재하는 사회와 문화는 무수하고 다양하다. 그러나 어떤 사회를 막론하고 정신적이고 영적인 삶을 추구하고 실천하려는 것은 공통적인 경향이 있다. 문화권마다 종교의 형태는 달라도 그 각각의 영적 가치관에는 숭고한 인간성이 담겨 있는 것이다. 거의 모든 종교는 현재보다 미래의 행복을 추구하고, 타인을 배려하고 사랑하라고 가르치며, 공동체를 해치는 악한 행동을 하지 말라고 지시한다. 이는 인간의 영적인 삶이 행복감, 안정감, 도덕심, 이타심 등과 밀접하게 연관되어 있음을 보여준다.

　종교를 갖는 것은 물론 개인의 자유다. 어떤 종교를 갖느냐도 개인의 선택이다. 단지 여기서 중요한 건 영적 가치관을 추구하기 위해 어떻게 사고하고 행동하느냐다.

감사하는 삶이 곧 영적인 삶

　정신적인 가치를 찾는 것은 결국 '감사하는 삶'과 일맥상통한다. 가지지 못한 것보다는 가진 것에 감사하고, 아직 얻지 못한 행운보다는 지금까지 받은 축복에 감사하며, 주변의 인간관계에 고마운 마음을 갖는 것이야말로 인간 정신이 추구할 수 있는 가장 높은 수준의 사고 능력이다.

　한편 신을 믿거나 종교적인 목표를 추구하려는 속성은 자신의 신념을 찾고 따르려는 본연의 욕구로 인한 것이기도 하다. 따라서 오늘 하루 무사했다는 일시적인 만족감에 그치지 말고, 그 다음의 목표, 즉 영적이고 정신적인 가치관을 충족시킬 수 있는 목표를 세울 수 있어야 한다. 여기에 도움이 되는 것이 명상이나 기도 같은 형식이다. 이는 자기 자신을 돌아볼 수 있게 해줌으로써 자신의 행동을 반성하고 오늘보다 더 나은 내일을 만들 수 있도록 도와주는 방편이 된다.

[액션 3] 인간관계 바로세우기

'사람은 사회적 동물' 이라는 사실은 누구나 동의할 것이다. 군대나 회사처럼 특정한 공동 목표를 위해 규칙을 준수하고 자기 임무를 성실히 완수해야 하는 집단 생활에서는 더더욱 그렇다. 이런 상황에서 타인과의 좋은 관계는 행복한 삶을 사는 데 결정적인 역할을 한다. 타인과 원활하게 소통하고 건강한 관계를 맺는 사람일수록 자기 삶에 만족하며 능력을 최고조로 발휘할 수 있다.

건강한 인간관계를 배우는 최초의 경험은 가정이다. 어린 시절부터 화목한 가정에서 자라며 자유롭게 의사소통하는 가정교육을 받고 자라난 아이는 학교생활과 사회생활에서도 남을 배려하는 건강한 인간관계를 맺을 가능성이 높다.

반면 다툼과 불평, 폭력이 난무하는 가정에서 자란 아이는 학교나 군대, 사회에서도 남과 관계 맺는 방법을 제대로 알지 못해 부적응자로 낙인찍히는 경우가 많다.

그러므로 건강한 인간관계를 형성하고 타인과 성숙하게 커뮤니케이션을 이루는 것은 교육과 경험의 영향력이 크다고 할 수 있다. 그리고 행여나 과거에 불만족스러운 환경에 놓여 있었다 해도 이러한 경험은 지금부터라도 새로이 만들어나갈 수 있다.

세상을 좀 더 살기 좋은 곳으로 바꾸는 것은 소수의 혁명적인 업적보다는 평범한 다수의 작은 행동이다. 내가 속한 곳을 좀 더 건전한 집단으로 바꾸는 것은 오늘 하루 내가 내 주변 사람들을 어떻게 대하느냐에 달려 있다.

스스로 모범을 보이고, 남이 먼저 베풀기 전에 내가 먼저 남에게 베풀고, 남이 나를 알아주기 전에 내가 먼지 이해하려는 노력, 작은 것부터 실천하려는 각 개개인들의 성실함이 있을 때, 내가 속한 집단도 변화하고 이것이 사회 전체의 변화로 이어질 수 있다.

동료에게, 하급자에게, 상급자에게 말 한 마디라도 따뜻하게 건넬 때 나도 모르는 사이에 상대방의 삶에 영향을 끼치고 주변의 공기도 따뜻하게 만들 수 있다는 사실을 기억하자. 이런 면에서 결국 행복한 군생활이란 다른 부대원들과 건강한 유대관계를 맺는 생활이라 해도 과언이 아닐 것이다.

조직 내에서의 갈등을 푸는 대화법은?

그렇다면 타인과 건강하게 의사소통을 하려면 어떻게 해야 할까? 폭력을 줄이고 우리가 원하는 바를 평화롭게 충족할 수 있는 방법은 없을까?

'비폭력 대화' (NVC, Nonviolent Communication)를 창안한 심리학자 마셜 로젠버그는 '비폭력 대화법'의 4단계에 대하여 다음과 같이 제안한 바 있다.

[1단계] 관찰

있는 그대로 상황을 관찰하는 것이다. 상대방의 행동이나 말의 의도를 섣불리 판단하거나 오해하지 말고 있는 그대로 상황을 관찰하도록 한다.

: "선임이 나에게 다짜고짜 화를 낸 것은 잘못이지만, 마음이 조급해져서 그럴 수 있을 거야. 어제 마쳐야 할 일이 늦어졌으니 책임자인 선임으로서는 다급할 만도 하지."

[2단계] 느낌 확인

자신의 느낌과 생각을 편견 없이 보는 것이다. 타인에게 책임을 전가하거나 감정을 표현하지 않도록 한다.

: "하지만 앞뒤 설명 없이 무작정 나에게 화를 낸 것에 당황스럽긴 해. 사실 나로서는 뒤늦게 과제를 전달 받아서 시간이 부족했던 것이니까."

[3단계] 겸양의 요청

지금의 상황에 대한 자신의 느낌과 궁금증을 긍정적인 겸양의 말로 정중히 전달하고 요청한다.

: "선임에게 다시 일을 재분배해보는 것은 어떨지 물어봐야 할 것 같아. 또한 무조건 화를 내시기 전에 다른 상황을 잘 살펴달라고도 말해야겠어."

[4단계] 수용

상대방이 어떤 반응을 보이더라도 있는 그대로를 받아들이는 것이다. 상대방의 반응에 대해 즉각 반응하지 않고 있는 그대로를 받아주도록 한다.

> : "선임이 당황해 하는 것 같아서 내가 먼저 미안하다고 사과를 했더니 차라리 나은 것 같아. 다음부터는 조금 더 주의해서 일을 나누어 주겠지."

로젠버그에 의하면 사람과 사람 사이의 갈등이 생겼을 때의 해결책은 '인정하는 것'이라고 한다. 당장의 감정을 터트리거나 무조건 이기러 드는 것은 또 다른 갈등의 씨앗이 될 뿐이다.

[액션 4] 다음(제대, 진급, 졸업, 은퇴 이후)을 생각하기

인생 최고의 행복은 모든 것을 이뤘을 때가 아니라 뭔가 목표를 세우고 그 목표를 달성하기 위해 방법을 찾을 때 온다. 목표를 세운다는 것은 미래를 지향한다는 뜻이며 앞날에 희망을 갖는다는 뜻이다. 그래서 목표가 있는 사람은 노력하는 사람, 전진하는 사람, 발전하는 사람, 행복한 사람이다. 대표적인 예가 바로 프로 스포츠 선수들이다.

선수들은 기록을 갱신하기 위해, 혹은 팀의 승리를 위해 늘 목표를 세분화하고 철저히 지킨다. 체력과 컨디션이 최적으로 유지될 수 있도록 전문가들의 코치를 받으며 준비하고, 테크닉과 경기력을 향상시키기 위해 하루도 빠짐없이 훈련하며, 집중과 안정을 유지하기 위해 노력한다.

이 모든 것을 관통하는 것이 바로 확고한 목표의식이다. 수영선수 마이클 펠프스는 인생 목표를 써서 매일 아침 눈 떴을 때 바로 보일 수 있는 곳에 붙여두었다고 한다. 인간의 가능성과 잠재력을 최고 수준으로 끌어올리는 것은 이러한 목표를 향한 굳은 의지다. 뚜렷한 목표의식이 없다면 아무리 세계 최고의 기량을 가진 선수도 순식간에 정신력이 무너지고 기록이 하락할 수밖에 없다. 그렇다면 이처럼 굳건한 목표는 어떤 과정을 통해 만들어질까?

단기 · 중장기 · 장기 목표를 만들어라

목표에는 단기적 목표와 장기적 목표가 있다. 한 예로 독서와 관련해, '오늘까지 다 읽기로 한 책 1권을 취침 전까지 읽는 것'이 단기적 목표라면, '제대하기 전까지 책 100권을 읽는 것'은 중기적인 목표라 할 수 있다. 나아가 '꾸준한 독서를 통해 지식과 지혜를 습득하고 제대 이후의 취직과 사회생활을 미리 준비하는 것'은 삶의 방향성을 제시하는 장기적 목표다.

이처럼 목표를 달성하기 위해서는 단기 목표와 장기 목표로 세분화하여 단기 목표부터 차근차근 이뤄나가는 것이 중요하다. 이때 자잘한 단기 목표들을 하나씩 달성하기 위해서는 앞날에 대한 장기적 목표, 무엇보다도 지금의 상황 '다음'에는 무엇을 할 것인가에 대한 큰 목표를 세워둬야 한다.

'다음 단계'에 무엇을 할 것인가?

목표는 나이와 지위 고하를 막론하고 누구에게나 필요한 것이다. 만일 군에 몸담고 있다면 '앞으로 제대한 후에 무엇을 할 것인가?', '상위 직급으로 진급한 후에는 무엇을 할 것인가?'에 대한 목표가 필요하다. 한편 학교에 다니고 있다면 '졸업 후에 무엇을 할 것인가?'에 대한 목표 없이는 성실한 학창생활을 보내기 어려울 수밖에 없다.

마찬가지로 아이를 키우는 부모라면 '아이가 몇 살 때 어떻게 키울 것인가?', '아이를 다 키우고 난 후에는 무엇을 할 것인가?' 와 같은 시기별 목표가 필요하다. 수십 년의 사회생활을 한 사람에게는 '나는 은퇴(퇴직) 후에 무엇을 할 것인가?' 에 대한 목표가 필요할 것이다.

마찬가지로 긍정심리학에서도 행복감을 위해 가장 필수적인 것은 '목표' 라고 한다. 목표 있는 삶은 '내 삶에서 의미 있는 것이 무엇인가?' 에 대한 해답을 주고 현재의 시련이나 고통을 가볍게 여기고 극복할 수 있도록 해준다.

스스로에게 물어보자. 지금 당신의 삶의 목표는 무엇인가? 그리고 이 다음 단계에는 무엇을 할 것인가? 그것을 위해 오늘 하루를 충실히 살고 있는가?

[액션 5] 나눔의 삶 살기

사람의 본성이 이타적인 이유

혼히 인간을 이기적 존재라고 말하지만, 동시에 이타적 존재이기도 하다. 진화생물학자들의 설명에 의하면 모든 생물은 자기 종족의 생존력을 높이는 쪽으로 행동하도록 진화되었다. 동족의 생존과 안전을 우선시하는 본능이 있는 것이다.

자식의 생존과 안전을 우선시하고, 남보다는 자신의 가족이나 친족의 안전을 우선시하는 것도 종족 본능의 일종이라고 할 수 있다.

나아가 인간은 같은 종족의 생존력을 추구하려는 본능도 가지고 있다. 그래서 누군가 도움을 필요로 할 때 비록 그가 생판 모르는 남이라 하더라도 기꺼이 도움을 제공하려 한다. 인간이 타인을 돕거나 봉사활동을 하거나 살신성인의 정신을 발휘하는 근저에는 이런 본능이 숨어 있다. 즉 타인이 편안해지고 안전하게 지낼 수 있다면 자신을 희생할 수 있는 마음이야말로 어쩌면 인간의 가장 위대한 본능일지도 모른다.

봉사할 때 염두에 두어야 할 3가지

군에서의 임무 완수는 크게 보면 인간의 이타적 본성에서 우러나오는 여러 일들 중에서도 가장 큰 의미와 가치를 지닌다. 부모, 가족, 학교라는 틀 안에서 남들의 보호와 도움을 받았던 삶에서 벗어나 다른 사람들의 안전과 편의를 위해 헌신하는 삶을 실천하는 일이기 때문이다.

나아가 이 헌신의 정신을 군에서뿐만 아니라 삶 전체로 확대시킨다면 좀 더 의미 있는 인생을 살 수도 있을 것이다.

특히 봉사는 꼭 부유해진 다음에 할 수 있는 것이 아니라, 지금 가진 것만으로도 얼마든지 할 수 있다. 시간이 많아서가 아니라 바쁜 일상을 살면서도 얼마든지 다양한 방법으로 도움의 손길을 내밀 수 있다. 조금만 세심히 주변을 둘러보면 나를 필요로 하는 이들이 얼마든지 있기 때문이다.

여러모로 고심해 봉사를 할 기회가 왔다면, 이번에는 다음의 3가지 요소를 염두에 두자.

1. 나눔

나눔은 지금 당장 수중에 재산이 많지 않더라도 얼마든지 실천할 수 있다. 종교단체, 비영리단체, 재단 등을 통해 소액 기부, 물건 기부, 자원봉사 등 불우이웃이나 소외계층을 도울 수 있는 다양한 활동에 참여해보자.

2. 전달

가족, 친구, 동료 등 주변 사람들에게 내가 하고 있는 일을 알리고, 경우에 따라서는 함께 할 수도 있을 것이다. 기쁨은 나눌수록 좋은 것처럼, 내가 하는 긍정적인 행동과 기운이 주변에 좋은 에너지를 전달할 것이다.

3. 몰입

봉사하는 행위 자체에 몰입해 그 자체만으로도 순수한 기쁨을 느껴보자. 이 정도 금액이 무슨 도움이 되겠느냐는 의심, 이 금액이나 시간을 내 즐거움을 위해 쓰는 게 낫지 않겠느냐는 생각을 버리고, 사람이 할 수 있는 숭고한 뭔가를 할 수 있음에 감사하고 즐거워하자.

진정 행복해지고 싶다면 다른 이들을 도우라는 말이 있다. 봉사를 하는 사람은 그렇지 않은 사람에 비해 삶의 행복감이 더 크고 신체적으로도 더 건강하며 수명도 길다.

이처럼 봉사와 나눔은 다른 이들의 삶에 도움을 줌과 동시에, 자신에게 주어진 것들에도 감사하는 마음을 가지는 좋은 기회가 될 수 있다.

이거 알아요!

리더는 군림이 아니라 멀티플라이어(Multiplier)에 능한 사람

군대라는 조직은 수직체계의 특성이 강하다. 따라서 리더뿐만 아니라 상급자와 하급자 간의 원활한 커뮤니케이션이 업무 성과 향상과 전투력 상승의 관건이라고 해도 과언이 아니다.

21세기는 더 이상 일방적으로 군림하고 지시하는 리더십의 시대가 아니다. 이는 기업 경영에서는 이미 일반화된 개념이다. 군에서도 마찬가지다. 이제 필요한 것은 소통하는 리더십이다. 소통이 원활하지 못한 군대는 업무 성과가 저하되고 전투력도 하락할 수밖에 없다. 이런 면에서 필자는 장병 개개인의 잠재력을 활용하며 상호 소통하게 만드는 멀티플라이어 리더십을 최우선으로 여긴다. 멀티플라이어란 조직원들의 능력을 최대치로 끌어올려 팀과 조직의 생산성을 높이는 리더를 뜻한다. 상급자나 리더 한 사람만 역량을 발휘하는 것이 아니라 부대원 각자가 리더의 역할을 수행, 전 부대원이 멀티플라이어형 리더가 되는 것이다. 실로 리더의 역할이 단순한 군림과 지시가 아니라 상황과 시기에 적절한 멀티플라이어로서의 역할에 있다는 것을 다음 사례들이 잘 보여주고 있다.

사례1) 나는 영웅이 아니란다

유명한 미국 드라마 〈밴드 오브 브라더스〉는 2차 세계대전 당시의 미군 공수부대원들의 활약상과 무용담을 그려낸 드라마로 실감 나는 전투 장면과 전쟁의 피비린내 나는 현실, 부대원 간의 전우애 등을 묘사해 시청자들로부터 큰 호응을 받았다. 이 드라마의 주인공 리처드 윈터스는 소위로 전쟁에 출전해 1년 만에 소령으로 진급한 인물이다. 그는 탁월한 리더십을 발휘하여 전쟁에서 크게 활약하고 부하들을 이끌었다.

그가 제대하고 세월이 흘러 어느덧 노인이 된 장면에서, 그의 어린 손자가 이렇게 묻는다.

"할아버지는 전쟁 영웅이죠? 사람들이 그렇게 말하던데요."

그러자 그는 전쟁의 기억을 떠올리며 아득한 표정으로 이렇게 대답했다.

"그렇지 않단다. 나는 영웅들과 힘께 싸웠을 뿐이야."

이 명대사는 군을 경험한 사람들이라면 누구에게나 잔잔한 울림으로 남았을 것이다. 혼자만의 능력으로 공을 세운 것이 아니라 전우들과 삶과 죽음을 함께 했다는 정신, 자신의 업적을 뽐내는 것이 아니라 같이 싸웠던 동료들에게 감사의 마음을 잊지 않는 정신이야말로 진정한 평등의 리더십일 것이다.

사례2) 부하들의 목숨과 안전을 우선시하는 장군

윌리엄 셔먼 장군은 1861년 남북전쟁 당시 북군의 장교로 참전해 육군 준장이 되었다.

이후 그랜트 장군 휘하에서 테네시 주 전투를 승리로 이끈 그는 1865년 4월 남군을 항복시킨 뒤 1869년 미국 육군총사령관이 되어 1882년까지 활동하였다.

이처럼 남북전쟁을 승리로 이끈 그의 업적은 널리 알려져 있지만, 그만큼 널리 회자되는 것이 그의 리더십이다. 그는 무더운 여름일 때는 행군을 가급적 낮이 아닌 야간에 하도록 했는데, 이는 더위로부터 부하들을 보호하기 위함이었다. 또한 부대가 대열을 짜고 행진할 때는 병사들이 길 밖으로 떨어지지 않도록 자신은 그 옆에서 말을 타고 들판을 달렸다.

이런 그의 모습을 본 병사들은 자신들의 장군이 전투의 효율성을 추구하면서도 본질적으로 병사들의 안전을 꾀하고 희생을 최소화하기 위해 노력한다는 것을 이해하게 되었다. 그래서 긴급한 상황에서 장군이 무리한 요구를 해도 절대적으로 복종했고, 장군의 조치가 때에 따라 가혹해 보일지라도 궁극적으로 자신들을 위함이라는 것을 수긍할 수 있었다.

그들은 장군이 자신들을 지켜주는 존재임을 믿었고, 그를 위해서라면 무엇이든 할 태세가 되어 있었다. 이처럼 병사들을 먼저 보호해줌으로써 자발적인 팔로워십을 이끌어낸 윌리엄 셔먼 장군은 현대적 감각의 리더십을 보여준 중요한 인물이라고 할 수 있다.

| 생각해보기 |

"인간이 불행한 이유는 행복하다는 것을 모르기 때문이다." - 도스토옙스키

"행복한 가정은 모두 비슷한 이유로 행복하지만 불행한 가정은 저마다의 이유로 불행하다." - 톨스토이

"어떤 이들은 장미꽃의 가시에 불평하지만, 나는 가시 있는 줄기에 피어난 장미꽃에 감사할 따름이다." - 알퐁스 카르

"진정 중요한 것은 기적 자체가 아니라 기적을 바라보는 우리의 눈이다."
- 마이클 프로스트

"하루에도 수백만 가지의 기적이 일어난다. 그러나 그 기적을 기적이라고 믿는 사람에게만 기적이 된다." - 로버트 슐러

"감옥과 수도원의 공통점은 세상과 고립돼 있다는 점이다. 다른 게 있다면 고립된 상황에 불평하느냐 감사하느냐의 차이다." - 마쓰시타 고노스케

"행복은 감사의 문으로 들어와서 불평의 문으로 나간다." - 서양 속담

"돈에 대해 감사할수록 돈을 더 많이 벌 수 있다." - 존 디마티니

"행복하기 때문에 웃는 것이 아니라 웃기 때문에 행복해진다." - 윌리엄 제임스

9장

병영문화 이렇게 달라졌다

> 모든 상황에 내재한 선을 찾는데
> 관심을 기울인다면 어느 순간 당신의 삶은
> 영혼을 살찌우는 감사로 충만할 것이다.
> -헤롤드 쿠쉬너

잠깐만! 요약해서 먼저 들여다보기

앞서 살펴본 모든 이야기들은 결과적으로 하나의 주제로 모아진다.
'3칭찬, 6축복, 5감사' 를 모토로 하는 '365행복운동' 이다.
이 운동은 필자가 병영문화 혁신이라는 모토 아래 적극적으로 교육하며
전달하고 있는 캠페인이자 신 병영 운동으로, 필자가 대령 지휘관 시절부터
실행해왔고, 현재에도 실행 중이다.
이 캠페인을 통해 필자는 군대가 가진 무궁무진한 변화의 가능성을
체험하고 놀라움을 금치 못했다.
지금부터 그 구체적인 내용, 나아가 이 운동을 부대에서 어떻게
실제적으로 활용하고 시행했는지를 다양한 사례들을 통해
보여주고자 한다.
여기서 소개하는 실천 방안들은 대한민국 군대라면
어디서나 시도해볼 수 있는 것들이다.
더불어 이 운동을 통해 변화의 길로 들어선 장병들의 실제 경험담을
읽으면 '365행복운동' 의 생생한 교육 효과 또한 한눈에 볼 수 있을 것이다.

1. 병영문화를 혁신시키는 '365행복운동' 이란?

'3 · 6 · 5행복운동' 이란?

→ 3번 칭찬하고, 6번 축복하고, 5번 감사하기

'3 · 6 · 5 행복운동' 은 최근 '열린 병영문화 혁신' 을 위한 관심이 고조되고 있는 현재 상황과 맞물려 있다. 필자는 이 캠페인을 국군수송사령부 본부 및 전 예하부대에서 추진해왔다. 이 운동의 핵심은 다음과 같이 어찌 보면 간단하다.

3칭찬 : 매일 3사람씩 칭찬하고 격려하자 (존중과 배려하기)

6축복 : 매일 6가지씩 자신을 위해 축복하자 (긍정적인 자아상 정립하기)

5감사 : 매일 5가지씩 감사하자 (감사일기 쓰기)

목표 효과

행복한 군 생활 영위 + 자존감과 전투력의 동반 상승기대.

- 높아진 자존감을 통해 존중과 배려의 마음가짐을 배양한다.
- 긍정적인 언어 사용과 감사 습관을 통해 화합과 단결력을 상승시킨다
- 구타·가혹행위, 성폭력 등 사고 발생 'ZERO' 부대를 달성한다.

핵심은 이것

위의 목표는 현재 대한민국 군부대라면 어디나 절실한 내용들이다. 필자는 이 교육 활동을 적극적으로 추진한 바, 지휘관 주관 하에 특별 인성교육을 시행해왔다. 사령부 등 11개 부대를 대상으로 총 10여회에 걸쳐 전 장병 및 군무원들이 필자의 교육을 이수했다.

교육의 핵심 골자는 다음과 같다.

- 자존감을 높이고, 높은 자존감을 내면화시키기 위한 방안을 제시한다.
- 자신에 대해 알고, 스스로 변화 및 발전시킬 수 있도록 여건을 조성한다.

- 에고-OK그램 자존감 테스트 등 다양한 프로그램을 활용한다.
- 긍정적인 이미지메이킹 훈련을 통한 건강한 자아상을 확립한다.
- '장래의 나'를 위해 당장 실천할 수 있는 6가지를 찾아 매일 열 번씩 말하기를 해본다.
- 긍정적인 언어 사용과 감사습관 형성을 통해 긍정적이고 행복한 군 생활을 영위한다.
- 감사책자와 감사노트를 활용하여 감사습관을 형성시킨다.
- 긍정적인 언어 사용을 습관화하기 위해 매일 3사람씩 칭찬하고 격려한다.

가시적인 홍보물로 동기유발

나아가 교육 못지않게 중요도를 두고 추진한 또 하나의 사업이 있다. 다양한 홍보물 제작과 배포다. 작은 음식점도 손님들을 끌어 모으기 위해 다양한 홍보 활동을 벌인다. 하물며 수많은 젊은이들이 생활하는 군대는 어때야 할까?

우리는 교육과 함께 현수막, 입간판 등을 통해 장병들에게 자존감 향상과 관련된 내용을 전달했고, 덕분에 우리 교육을 알려내고 장병들 스스로가 자존감 배양을 하도록 유도할 수 있었다.

이런 홍보문은 각 부대 별로 특색을 살려 만들어도 효과적이다.

(홍보물의 실제 사례)

- 칭찬코인(50원짜리 동전 활용)을 제작하여 활용하였다. 칭찬할 때마다 위치를 이동해 횟수를 확인할 수 있다.
- 활기찬 느낌의 블랙보드를 만들어 세우고, 자신을 축복하는 축복카드를 만들게 하였다.

책을 통한 행복 찾기

독서는 군복무라는 틀에 박힌 생활을 하는 장병들에게 뜻깊은 내적 경험의 기회가 될 수 있는 최고의 활동일 것이다. 필자가 장병들의 적극적인 독서활동을 장려하고자 했던 것도 그런 의미에서였다. 우리가 실시한 독서 장려 활동은 다음과 같았다.

- 부대 내에 북카페를 설치해 장병들의 독서 붐을 조성했다. 또한 도서를 지속적으로 확보하기 위한 활동의 일환으로 국군 문화진흥원과의 MOU를 체결함으로써 양질의 도서들을 확보할 수 있었다.

부산 TMO
(여행 장병 라운지)

서울 TMO
(여행 장병 라운지)

울산 TMO
(여행 장병 라운지)

- 장병들을 대상으로 '책 100권 읽기 운동', 독후감 공모전, 다독왕 선발 등 흥미로운 이벤트를 개최하였다. 100권 이상 다독인원에 대해서는 포상휴가 지급으로 동기부여를 유발하였다.
- 해파부대 수송 시 책 기증을 통해 이역만리까지 행복운동을 전파.
(책 기증 : 아크부대 9 · 10진 교대 시 450권 기증)

인성교육과 심리상담하기

'365행복운동'의 핵심 모토는 '자존감 향상'이라고 해도 과언이 아니다. 이 자존감 향상 교육은 장병들의 인성을 함양하는 인성교육과도 일맥상통한다. 이를 위해 우리는 인성의 가치를 제고하는 간담회, 감사편지 낭독, 개인 심리상담 등을 실시한 바 있다.

(인성교육의 실제 사례)

- 군종장교 지도하에 행복 인성교육과 간담회를 실시하여 '찾아가는 행복플러스'를 시행했다. 장병들로 하여금 감사편지를 작성케 하고 상호 낭독하게 하여 전우애 상승의 기회를 만들었다.

- 군종장교에 의한 **「생명사랑 행복상담」** 프로그램을 시행해 사고 예방에 기여할 수 있도록 하였다. 개인 상담을 통한 신병들의 심리적 부담과

정서적 거리감, 강박감 및 불안감 해소를 도왔고 상담 시 인성검사를 병행 실시하여 식별 사항에 따라 지휘관들에게 조언을 전달하였다.

올바른 언어사용 습관화

　병영문화 혁신에서 가장 가시적인 변화의 시작은 올바른 언어 사용일 것이다. 병영문화 혁신 및 상호 이해 · 소통 · 활기찬 조직문화 조성을 위해서는 우선적으로 부대 내 언어 사용 실태를 파악하고 순화된 언어를 사용하도록 하는 캠페인이 반드시 필요한 것도 그래서다.

(언어운동 실제 사례)

　- 사령부 전 장병을 대상으로 '상황별 듣고 싶은 말, 듣기 싫은 말'에 대한 설문조사를 실시한 후 지휘관 주관 토론을 통해 사령부 전 장병의 올바른 언어사용을 권장하였다.

2. 병영문화 이렇게 달라졌어요

*필자의 강연 '선진병영문화 정착 특별 인성교육' 직후의 소감문 실제 사례

우리에게 기쁨과 열정의 에너지를 되살려준 '365행복운동'

강연을 들은 뒤 '감찰장교로서 나는 지금 행복한가?' 라는 화두를 스스로에게 던져보게 되었다. 지금까지의 군 생활도 되돌아보고, '나의 자존감 수준은 어느 정도인가?' 나름 평가도 해보았다.

내 자존감 수준은 '중간 정도' 인 것 같았다. 쉽게 걱정하고 불안해하고, 나와 다른 사람을 비교하고, 남의 성공이나 재산에 질투한 적도 있고. 중요한 것은 앞으로 자존감을 높이기 위해 배운 것을 실천해봐야겠다는 생각이 들었다는 점이다. 우선 내 마음의 주인이 되어야 할 것이다. 과거를 묻지도 따지지도 않으며, 긍정적인 미래를 위해 '이미지메이킹' 훈련을 해야겠다는 생각이 들었다.

벼룩을 잡아다 종이컵에 넣으면 벼룩은 쉽게 그 종이컵을 뛰어넘는다. 그러나 벼룩을 다시 종이컵에 넣고 랩을 씌우면 벼룩은 그 랩에 막혀 컵에서 빠져나오질 못한다. 그렇게 부딪히길 수십 번, 한참 뒤에 랩을 벗긴

후에는 벼룩을 가만히 두어도 종이컵보다 높게 뛰질 못한다. 랩이 없음에도 불구하고 벼룩은 스스로 상상의 벽을 만들어 자신을 가둬버리는 것이다.

이렇듯 나 역시 스스로 한계를 만들어버린 건 아닌가 싶다. 지금부터라도 스스로 설정한 한계를 넘어설 것이다. 그 방법에는 여러 가지가 있을 수 있지만 우선적으로 사령관님이 가르쳐주신 '칭찬하자, 축복하자, 감사하자'의 3.6.5운동을 적극적으로 실행해보고자 한다.

칭찬은 우리 부서원들을 시작으로 예하부대를 점검할 때도 잘한 부분은 과도할 정도로 칭찬할 것이다. 가정에서도 처와 자녀들에게 칭찬을 많이 해야겠다. 또한 내가 지금 건강하게 군 생활을 하고 있고, 내 부모, 가족, 자녀들이 건강하게 성장하고 있고, 나는 좋은 부대에서 열정적으로 근무하고 있고, 진급을 할 수 있는 능력이 있고, 남을 배려할 줄 아는 선한 마음을 가지고 있고… 등 축복을 통해서도 긍정적인 자아상 확립에 노력할 것이다.

감사 하고 싶은 말이 많다. 매일 5가지 이상 노트에 적어서 항상 감사하는 마음으로 군 생활을 하고 싶다. 나는 앞을 잘 볼 수 있고, 말을 할 수 있고, 냄새를 맡을 수 있고, 들을 수 있고, 즐겁게 웃을 수 있고, 가족들과 여행을 갈 수 있고, 일을 할 수 있는 직장(군대)가 있고, 친구와 동료들이 있고, 생활 여건이 좋은 곳에서 근무하고 있고, 언제든지 전화할 수 있는 핸드폰이 있고… 등 그동안 모르고 지내온 고마움과 감사함을 적어서 기쁘고 열정적인 마음으로 일하고 나의 에너지를 부대 발전을 위해 크게 제고시킬 수 있도록 노력하겠다.

　지금까지 마음속으로는 '긍정적인 삶을 살겠다.' 라고 수없이 다짐은 해왔지만 실천은 하지 못하고 있었다. 이번 '행복플러스 특별강좌' 를 토대로 그동안 놓치고 간과해 왔던 나의 자존감을 '높은 수준' 으로 향상시키기 위해 노력할 것이며, 이를 통해서 나 자신뿐만 아니라 국군수송사령부 감찰실장으로서 부대 발전에 기여할 것이다.

- 소령 이장우

긍정의 삶의 문턱에 한 발짝 더 가까이

존 허셀은 '자존이야말로 모든 미덕의 초석이다.' 라고 말했다. 자존감은 말 그대로 자신을 존중하고 사랑하는 마음이다. 스스로 가치 있는 존재임을 인식하고, 역경에 맞서 이겨낼 수 있는 자신의 능력을 믿고 노력에 따라 여러 성취를 이뤄낼 수 있다는 일종의 자기 확신일 것이다.

사령관님의 강의 말씀처럼 자존감이 잘 형성된 사람은 자신을 소중히 여기며, 다른 사람(상관, 부하, 동료, 가족 등)과 긍정적인 관계를 유지한다. 반대로 자존감이 약한 사람은 남의 시선을 지나치게 의식하며, 자신감이 부족하고, 대인관계에서도 매우 소극적이라 조직사회에서 쉽게 왕따 또는 괴롭힘의 대상이 될 수 있다.

군대라는 조직은 그 어떤 조직보다도 일체화, 조직화를 중심으로 상하동욕자승(上下同欲自勝)을 최선으로 한다. 이런 조직문화에서는 개인의 의지와 자유가 쉽게 무시당할 수 있으며, 집단이기주의에 젖어 약한 이를 공격함으로써 본인의 불만, 욕구를 분출하기 쉬워진다. 이런 상황 속에서 여러 안타깝고 불미스런 사고를 접하기도 한다.

따라서 이런 상황을 미리 예견하고 예방할 수 있는 가장 효과적인 방법은 개개인 스스로의 자존감을 높이는 일일 것이다. 균형 잡히고 건강한 자존감은 주변의 냉혹한 시선, 비난 등을 슬기롭게 극복하고 긍정의 에너지를 주변에 전파하여 부대 전체를 긍정의 에너지와 높은 자존감으로

탈바꿈시킨다.

'365행복운동'을 기반으로 스스로에 대한 자존감, 만물에 대한 감사의 마음, 그리고 말을 통한 긍정에너지 전파 등을 실천한다면 행복한 삶, 즐거운 삶, 긍정의 삶 문턱에 한 발짝 다가가리라 생각된다. 그런 삶의 모습 하나하나가 모여 조직을 이룬다면 군대 악성사고는 당연히 없어지려니와 그 어떤 군대조직보다 상하동욕자승이 잘 이뤄지는 군대가 되리라 믿어 의심치 않는다.

- 소령 최정모

나 자신부터 아름다운 결정체가 되겠다

강의를 듣기 전에는 '자존감'이라는 것이 막연하게 느껴지고 '난 자존감 높은데'라고 생각하는 게 전부였다. 그런데 아이를 교육하고 대할 때를 짚어보는 행동 교육을 듣고 '아… 저게 내 모습이구나. 내가 자존감이 낮아 아이들에게도 그런 행동을 보였구나.'라는 생각에 마음이 아파왔다. 동시에 '이제라도 느껴서 다행이다.' 안도의 한숨을 쉬기도 했다.

'난 왜 자존감이 낮아졌을까?' 질문해보니, 첫 번째는 '감사하지 않아서 그랬구나!' 하는 깨달음이 있었다. 지금 내 생활, 지금 내 모습에 감사하지 않고 불평만 했으니 그럴 수밖에.

두 번째는 목적, 목표 없는 생활도 문제였다. 학교를 졸업하고, 원하는 직장을 얻고, 결혼을 하고, 자녀까지, 인생의 중요한 것들이 너무 빨리 결정되어 언젠가부터 목표가 없어져 성취감을 느껴본 지 오래였다. 그렇게 나라는 존재를 느끼지 못하고 살다 보니 자존감이 낮아질 수밖에 없었다.

사령관님의 교육을 들으며 3가지 목표를 세워보았다. 우선, 나 자신을 사랑하고 내 삶을 매 순간 느끼며 감사할 부분을 찾아야겠다. 또한 인생의 목표를 세워 입 밖으로 외쳐봐야겠다. 마지막으로 긍정적인 사랑의 언어로 아이들을 교육해야겠다.

나는 사회가 어지러운 것도 집안 교육이 잘못되어서라고 생각해왔다.

그런데 그 주범이 내가 아니었을까 하는 성찰을 하게 되었다. 하나님께서는 나를 아름다운 결정체로 만들어주셨는데 내가 그 결정체를 깨버리고 있는 것은 않은지… 훌륭한 엄마는 못 되어도 사랑을 심어주는 엄마가 되어야겠다는 새로운 결심으로 살아가고 싶다.

- 중사 문지현

3. '365행복운동' 확신에서 믿음으로 다가왔어요

* '365행복운동'을 통해 변화를 경험한 병사들의 실제사례

의심에서 관심으로, 관심에서 확신으로!

처음 부대에 전입 왔을 때 무엇을 하든 살얼음판을 걷는 기분이었고 항상 긴장하며 내무 생활을 했습니다. 하지만 '365행복운동'을 시행하고 1년이 지난 지금, 본부 근무대의 분위기는 이전과는 확연히 달라진 모습입니다. 상호 간에 예절을 지키며 병사들은 항상 화기애애한 분위기 속에서 생활을 하고 있습니다.

처음에는 귀찮은 마음이 컸던 것이 사실입니다. 매일 3명씩 칭찬과 격려를 하고, 6가지씩 자신을 위해 축복을 하고, 5가지씩 감사를 할 것이 있나 의구심이 들기도 했습니다. 의무적으로 작성하는 것이 도움이 될까 의심이 컸습니다. 그런데 하루 이틀 하던 '365행복운동'을 한 달, 두 달 동안 꾸준히 하자 의심의 마음은 어느새 '관심'으로 바뀌었습니다. 기계적으로, 의무적으로 작성하던 감사, 칭찬, 축복의 내용들이 병영 생활뿐만 아니라 가족과 친구들에게까지 확장되었습니다.

매일 3가지씩 칭찬하고 격려함으로써 다른 사람들과의 관계가 더욱 긍정적으로 변했습니다. '칭찬은 고래도 춤추게 한다.'라는 말이 있습니다.

하물며 매일 얼굴을 맞대고 생활하는 전우들에게 칭찬과 격려의 말을 건네니 관계가 긍정적으로 개선될 수밖에 없었습니다. 제 자신도 예전보다 순화된 언어를 사용하게 되었습니다.

항상 칭찬과 격려의 말을 하려고 노력하다 보니 모두 웃으며 행복한 분위기 속에서 대화할 수 있었습니다.

매일 6가지씩 자신을 위해 축복을 하다 보니, 나를 조금 더 아끼고 사랑하게 되고 자신감을 가질 수 있었습니다. 솔직히 처음에는 자신에게 축복을 한다는 것이 낯부끄럽기도 하였지만, 생활관에 설치한 '축복 거울'을 보며 스스로에 대해 축복을 하다 보니 어느 새 내가 축복하는 그 모습의 사람이 된 것 같이 긍정적인 이미지메이킹을 할 수 있었습니다. 노래방에서 즐겨 부르는 노래 중에 '말하는 대로' 라는 노래가 있습니다. 마음먹은 대로, 말하는 대로, 노력하는 대로 모든 일들이 이루어진다는 가사처럼 나를 위해 축복을 한다며 조금 더 긍정적인 사람, 나를 아끼고 사랑하는 사람이 될 수 있을 것이라고 확신합니다.

가장 어려웠던 것은 하루에 5가지씩이나 감사하는 내용을 찾아야 한다는 것이었습니다. 하지만 이제는 수많은 감사한 일들 중에서 5가지만 선택해야 한다는 것이 어려워졌습니다. 제가 잘나고 열심히 공부하여 교사가 되고, 군대에서 선임, 후임, 간부님들과 원만하게 지낸다고 생각했지만, 부모님께서 몸 건강하게 낳아주고 길러주시지 않았다면, 물심양면으로 도움을 주시지 않았더라면 지금의 저는 없었을 것이라고 부모님께 감사한 마음을 가지게 되었습니다. 당연하게 여기고 지나쳤을 여러 가지에 감사할 수 있어서 다시 한 번 감사합니다.

  조금씩 달라지는 제 모습을 보며 '365행복운동'에 대한 작았던 '관심'이 '확신'으로 바뀌었습니다. 꾸준히 실천한다면 제 인생뿐만 아니라 주위 사람들 모두의 인생을 감사로 물들일 수 있다는 확신을 하게 되었습니다. '나비효과'라는 말이 있습니다. 나비의 하찮고 보잘 것 없는 날갯짓이 수천, 수만 킬로미터 떨어진 곳에 토네이도를 일으킨다는 것입니다. '365행복운동'을 실천하면서 이 나비효과를 눈앞에서 체험하게 되었습니다. 작게는 분대에서 시작하여 본부 근무대, 나아가 대한민국 모든 국군 장병들에게 감사의 습관이 이어져 선진 병영 문화 정착이라는 기적을 만들 수 있다는 확신을 가지게 되었습니다.

상병 최한솔

입대 후 기적처럼 변화한 내 모습

어렸을 때 저는 정서불안장애를 겪었습니다. 주의가 산만하고 집중을 잘 못하여 공부하기를 싫어했고 밖으로 나돌기 일쑤였습니다. 질이 안 좋은 친구들과 어울리며 사고를 치고, 약육강식의 세계에서 살아남기 위해 또는 제 낮은 자존감을 감추기 위해 윽박지르는 법, 저속한 말로 상대방에게 상처 주는 법 등을 익혔습니다. 성인이 된 후 사회경험을 쌓는답시고 이것저것 닥치는 대로 일을 했지만 정신적·육체적으로 피로가 쌓이기만 했습니다. 가게에 온 손님들에게 억지로 웃는 법, 하루의 끝을 술로 보내는 것 따위를 익히면서 어른이 된 양 으스댈 때 입대영장이 날아왔습니다.

머릿속에는 부정적인 생각만이 가득했습니다. 밖으로는 여자친구와의 불화, 부대에서는 이등병으로서 잘해야 한다는 압박감 등으로 힘들었습니다. 경비반이라는 보직도 하기 싫었고, 간부들이 하는 말도 듣기 싫었습니다. 혼나면서도 울컥 올라오는 게 있었고 "죄송합니다! 고치겠습니다!" 등의 말은 진심이 아닌 겉으로만 하는 말이었습니다. 후임들을 어떻게 혼낼 까 하며 하이에나처럼 행동하기도 했습니다. 의욕이 떨어지고 하루하루 시간 때우기 식의 군 생활을 하고 있었습니다.

그러다 부대에서 사령관님이 추진하시는 '365행복운동'을 실천하기 시작했습니다. 좋아하지 않았던 간부나 선임, 후임들을 하루 3명씩 칭찬하다 보니 평소에 보지 못했던, 아니 보려고 하지 않았던 장점들이 보였고 결국 마음 안에서부터 사람들을 받아들이기 시작했습니다. 6번 자기축복을 하면서 제 내면을 샅샅이 관조하니, 스스로도 몰랐던 장점이 보이고 군 생활에 의욕이 생기기 시작했습니다. 타인을 마음으로 받아들이고 스스로를 축복하며 긍정적인 이미지가 만들어지자 굳이 찾으려 하지 않아도 감사한 일들이 기적처럼 생겼습니다.

그 후 꾸준히 '365행복운동'을 실천했습니다. 첫째, 매일 감사일기를 씀으로써 아침부터 저녁까지 하루를 돌아보고 자기반성과 다음날에 대한 각오도 다질 수 있었습니다. 둘째, 대상과 내용을 구체화하였습니다. 예를 들어 '선임병들을 칭찬합니다' 보다는 "분대원들의 건강상태, 고민거리를 전부 배려해주는 ○○○ 상병을 칭찬합니다."라고, '취사병에게 감사합니다' 보다는 "밤잠도 줄이고 매일 손에 물 묻혀가며 저희에게 맛있는 밥을 정성스레 지어주는 ○○○ 병장에게 감사합니다."라고 했습니다. 단기적인 기억으로 끝나는 것이 아니라 누군가를 장기간 기억하게 된다면 무의식적으로 마음속에 '칭찬! 축복! 감사!' 라는 긍정적 이미지들이 남을 것 같고 저 또한 그 효과를 느끼고 있습니다. 셋째, 목표를 세분화하였습니다. '몸짱 되기, 왕(王) 자 만들기' 같은 장기적인 목표보다는 '매일 윗몸 일으키기 30개, 팔굽혀 펴기 30개' 정도의 목표를 세우면 성취감을 느끼며 축복이나 감사할 일이 하나씩 추가됩니다.

이렇게 '365행복운동'을 실천해 나가며 하루하루 달라지는 제 자신을 발견하고 있습니다. 하기 싫었던 경비병 임무가 지금은 부대를 지킨다는 사명감까지 들면서 더욱 열심히 임무 수행하려 노력중이며, 선임, 간부님들에게 조금 더 잘 보이고 후임들에게 먼저 칭찬하고 다가가 생활관에서 항상 웃음소리가 끊이지 않으며 "수고한다! 수고했다! 수고하셨습니다!" 등의 격려의 말이 훨씬 많아졌습니다. 제 스스로의 가치관도 긍정적으로 바뀌었습니다. 전역 후 하려는 일도 더욱 열심히 할 수 있을 것 같아 벌써부터 기대가 됩니다. 남아있는 8개월 남짓한 군 생활 동안 '365행복운동'을 더 수준히 실천해서 언젠가는 '365행복운동'이라는 걸 알게 되어 많은 걸 느끼고 얻게 되었다 라는 말을 해줄 수 있는 날이 왔으면 좋겠습니다.

상병 손주안

'365행복운동'이 변화시킨 병영생활

1년 전 이곳에 전입오자마자 저는 신선한 충격을 받았습니다. 틈틈이 감사일기를 작성하는 선임들의 모습, 상향식 일일결산 시간에 감사내용과 더불어 자기축복 6가지를 발표하는 모습, 저녁점호와 아침점호를 시작하자마자 시행하는 웃음박수는 평소에 상상했던 군대에 대한 이미지와 전혀 달랐습니다. 삭막하고 불평불만이 넘쳐날 것 같았던 군대에 긍정적인 생각들과 웃음 그리고 감사가 가득했습니다.

당시 저에게는 결정적인 계기가 있었습니다. 처음 부대에 오고 행정반에 들어와서 많이 긴장한 상태로 신상명세서를 작성하던 중, 분대장이 저에게 먼저 다가와 따뜻하게 말을 건네주었습니다.

'힘들거나 어려운 일이 있으면 나한테 상담을 해도 괜찮다, 괴롭히는 선임이 있으면 내가 앞장서서 해결해 줄 테니 전혀 걱정하지 마라.' 분대장이었기 때문에 당연히 해주는 말이었겠지만 당시 저에게는 정말 큰 힘이었고 감동이었습니다. 왠지 앞으로 군 생활을 잘 할 수 있을 것만 같았고, 실제로도 군생활을 즐겁게 잘 할 수 있었습니다. 마치 감기약을 먹고 자면 다음 날 나을 것 같다는 기대감 때문에 실제 감기가 낫는 플라시보 효과 같았습니다.

당시 분대장이었던 병사가 전역한 후에 왜 그때 나에게 이러한 말들을 해줬는지 물어본 적이 있었습니다. 그랬더니 그 분대장이 '당시 매일 3

명을 칭찬해야 했다. 신병에게 좋은 말을 해주는 것도 칭찬 중 하나였기 때문에 그렇게 했다' 고 말하는 것이었습니다. 그 말을 듣고 정말 소름이 돋았습니다. 진정으로 '365행복운동' 의 위대함과 영향력을 느꼈습니다. 분대장의 사소한 칭찬 한 번이 저에게 큰 감동을 줬고 덕분에 저도 그 분대장처럼 좋은 말을 먼저 해주는 선임이 되어야겠다고 다짐을 하게 되었고 또 그렇게 하고 있습니다. 그때 했던 저의 다짐이 앞으로도 후임들에게 영향력을 끼칠 것이고 그렇게 치근차근 병영생활이 변화될 것이라는 확신이 있습니다.

1년 동안 변한 제 모습이 신기하고 또 감사합니다. 누군가를 칭찬하는 것에 대한 부끄러움이 사라졌고 사소한 일에도 감사할 줄 아는 습관이 생겼습니다. 아직 스스로 축복을 하는 것은 많이 부끄럽지만, 칭찬하고 감사할 줄 아는 것이 습관이 된 것처럼 이 또한 습관을 통해서 언젠가는 자연스러워질 것이고 자존감이 높아질 수 있을 것 같은 기대감이 있습니다. 전역 후에도 계속해서 칭찬과 감사와 자기축복을 할 것 같습니다.

또한 '365행복운동' 의 일환으로 북카페가 생겨서 책을 자유롭고 편하게 읽을 수 있는 환경과 틈틈이 책을 읽는 습관이 생겼습니다. 저희 부대 북카페는 어디에 내놔도 남부럽지 않을 정도로 다양한 종류의 책들이 많이 있습니다. 책읽기를 싫어했던 제가 자연스럽게 책을 읽고 싶어졌고 누군가가 시켜서가 아니라 자발적으로 읽게 되었습니다.

한 순간에 사람이 변하고 단기간에 문화가 바뀌는 것은 아니지만, 개개인의 병영생활이 천천히 변해가는 것을 실제 경험하고 느낌으로써 '365

행복운동'의 필요성을 간절히 느끼게 되었습니다. '365행복운동'은 좋은 스마트폰 같습니다. 좋은 스마트폰을 쓰다보면 그 스마트폰이 너무 좋아 다른 사람한테 계속 권하는 것처럼, '365행복운동'도 계속 실천하고 그 변화를 몸소 느껴본 사람으로서 계속 다른 사람에게 권할 것 같습니다.

상병 임철민

나는 점점 더 멋있는 사람이 될 것이다

　대학에 합격한 후로 나는 점차 말을 잃어갔다. 게임에 빠져 은둔생활을 한 지 3개월, 대학교 오리엔테이션이 시작되었지만 의사소통 스킬들은 돌아오지 않았다. 처음 만나는 대학 동기들 사이에서 도대체 무엇을 말해야 할지 알지 못해 갈팡질팡했고, 공감대를 형성하는 데 있어 어려움을 겪었고, 내가 겪었던 일들로 인하여 굉장히 낙담해있는 상태였다. 나는 수능성적을 잘 받았음에도 수시전형의 추가합격 통보로 한 단계 낮은 대학에 입학을 하게 되어 많이 심란한 상태였었다. 이러저러한 일들로 인해 나는 한 풀 꺾여버린 채로 대학 생활을 시작하였고, 동기들과 친해지지 못한 채 어영부영 생활을 하다 이를 타개할 방책으로 군에 입대하였다.

　전국 각지에서 온 미지의 존재들 틈에 내가 있었다. 이 사람이 과연 어떤 성격일지, 무엇을 말해야 할지 전혀 감이 잡히질 않았다. 고된 훈련 속에서 금세 친해지고 활기를 되찾았지만 그러한 기분도 오래 가진 않았다. 훈련소 기간이 끝나고 특기학교 교육기간이 남아있었는데 총무, 행정 업무를 중점으로 배우는 특기이다 보니 대학생 위주의 전우들이 대부분이었고, 대학 다니던 때의 기분을 느끼며 나는 또 다시 말을 잃어갔다. 이곳 사령부에 자대 배치를 받기 전, '이렇게 축 처져있는 내가 과연 잘 적응할 수 있을까?' 하며 불안했다.

행복하지 않은 마음으로 불만을 품고 생활하던 중, 새로 부임하신 사령관님께서 '365행복운동'을 시행하셨다. 이것이 나의 사고방식에 변화를 가져다 준 계기가 되었다. 정말이지 처음엔 '도대체 무엇을 감사해야 할까?' 하고 이리저리 머리를 굴리느라 뇌가 꼬이는 줄 알았다. '뭐가 감사하지? 무엇이 감사할까?' 고민하다가 일단은 주변에 일어나는 사소한 것들에 감사를 했다. TV를 볼 수 있어 감사하다,

'365행복운동'이 시작된 이후로 나는 활기를 되찾았다. 지금은 더 이상 이 부대에 오게 된 것을 후회하지 않는다. 물론 지난 일 전부를 괜찮았다, 잘 된 일이었다고 생각하고 넘어가지는 않는다. 다만 불행한 일을 겪었다면 그때 나의 행동과 생각에서 잘못된 점을 찾아 반면교사로 삼을 따름이다. 그리 한다면 다음 번 비슷한 상황이 왔을 때 더 나은 선택을 할 수 있지 않을까?

나는 더 이상 불행하지 않다. 그동안 나를 옥죄어왔던 고난들은 이러한 생각의 전환으로 떨쳐낼 수 있었다. 감사하는 마음가짐을 통해 나는 점점 더 멋있는 사람이 되어 앞으로 이 세상을 나아갈 것이다.

상병 임지용

이제 긍정의 기적을 믿는다!

'긍정의 기적'이라는 문구를 들으면 아마 대부분 사람들은 '이렇게 전쟁터 같은 사회에서 과연 긍정적인 생각을 하는 사람이 얼마나 많을까?'라는 의문을 가질 것이다. 나 또한 긍정의 기적이라는 문구는 상상도 할 수 없었다. 매사에 부정석이고 "나는 할 수 없어, 나는 안 돼."라는 말과 생각들을 달고 살았다. 이러한 문구를 생각할 수 있게 된 계기는 '365행복운동'이었다. 이 운동을 통해 나는 새로운 세상의 빛을 다시 볼 수 있게 되었다.

나는 어렸을 적부터 낯을 많이 가리는 소년이었다. 매사에 소극적이고 말을 잘 하지 않아 부모님께서도 걱정을 많이 하셨다. 유일하게 말동무가 되어준 친형까지 외국으로 떠나면서, 홀로 남겨진 채 중학교 시절을 보내고 극심한 사춘기를 겪었다.

낯을 많이 가리는 나 자신이 너무 싫어서, 혹은 그런 나의 성격 때문에 무시당하는 것이 너무 싫어서 일탈을 많이 했었다. 부모님 속도 많이 썩히고 부모님의 기대치를 채워주지 못한다는 생각에서 헤어 나오지 못해 깊은 늪에 빠졌다. 그러한 좌절감을 가진 채 군대에 오게 되었다. 군대라는 곳을 도피처라고 간주하고 싶었던 것이다.

평소 군대에 대한 부정적인 시각이 너무나 커서 군대 가는 것을 잊고 살다가 늦은 나이에 입대를 했다. 처음에는 좌절감으로 어깨도 항상 처져 있었고, 타인이 보기에 자신감이 없게 느껴질 만큼 마음의 상처가 컸다. 하지만 이곳의 부대에서 강조하신 '365행복운동' 이라는 것을 접하면서, 부정적이고 좌절감이 깊었던 나는 놀랍게도 변하기 시작했다.

현재 우리 부대는 하루 시작부터 잠들기 전까지 '365행복운동' 을 시행하고 있다. 아침은 항상 웃음박수와 전우들과의 축복 허그, 자신을 축복하는 내용 낭독 등으로 전우들과 따뜻한 마음을 나누고 있으며, 하루를 마감하는 상향식 일일결산 시간에는 하루 동안 자신이 감사했던 사례들을 전우들과 나누는 시간을 갖고 있다.

처음에는 매사에 긍정적인 생각을 한다는 것 자체가 너무 힘이 들었다. 오랜 세월 동안 위축된 모습과 부정적인 생각들로 가득 차 있었기 때문이다. 매일 감사일기와 자존감을 높이기 위한 축복카드 쓰기, 남을 칭찬하는 연습은 아마 습관이 되지 않은 사람들이 하려고 하면 당연히 손이 오그라들고 창피할 것이다. 나 또한 그랬지만 하루에 한 번은 꼭 나를 축복하고, "나는 할 수 있다, 나는 축복받은 사람이다."라고 생각하려 노력했다.

그 결과 시들었던 새싹이 다시 푸르게 돋는 것처럼 내 얼굴에 생기가 돌기 시작했다. 웃음도 잦아졌고, 선, 후임들과의 관계도 가까워졌다. 또한 다른 사람의 입장에서 한 번 더 생각해 보는 습관이 들기 시작하였다. 가장 놀랍게 변한 것은 부모님과의 관계였다. 어렸을 적부터 부모님과 대화를 잘 하지 않아 당연히 어색한 관계라는 인식이 박혀 있었다. 하지만 긍정적인 생각을 통해 나를 낳아주시고 키워주신 부모님과의 관계도 회복할 수 있게 되었다. 매일 부모님께 전화를 드려 "사랑합니다."라는 쑥스러운 표현도 하면서, 26년간 태어나서 처음으로 부모님과 가까워졌다는 느낌을 받을 수 있었다. 이러한 연습과 행동을 통해 나는 26년이라는 나의 삶을 반성할 수 있게 되었고 자신감도 얻었다.

나에게 있어 '기적' 이라는 단어는 새 출발을 할 수 있게 만들어준 긍정적인 생각의 힘이라고 생각한다. 전쟁터 같은 이 사회에서 항상 긍정적인 생각을 갖고 살기는 힘들다. 하지만 꾸준한 노력을 한다면 모든 사람들이 전쟁터 속에서 핀 꽃들처럼 밝은 세상을 볼 수 있으리라 믿는다.

병장 하동기

잊고 있던 소중한 것들을 다시 떠올리며…

맞벌이를 하면서 저는 항상 불만이 많았습니다. 일도 하고 아이도 키우고 집안 살림도 혼자하고 있는데 도와주지 않는 남편과 아이들에게 서운해 하고 짜증을 내는 게 일상이었으며 가족들은 그런 제 눈치를 보는 것이 생활의 일부분이었습니다.

교육을 받고 감사일기를 쓰려고 감사할 일이 뭐가 있을까 생각하니 정말 소중한 것을 잊고 있었다는 생각이 들면서 눈물이 앞을 가렸습니다. 소중한 가족을 위해 일하고 건강하게 함께할 수 있음에 감사해야 함을 망각하고 있었던 제 자신과, 혼자만 힘들다는 피해의식에 젖어 있던 제 눈치만 보던 가족들의 모습이 파노라마처럼 지나갔습니다.

돌도 안 된 둘째 녀석은 새벽부터 밤까지 모르는 사람 손에서 눈치를 보며 버티고 있었고, 새벽부터 학교와 학원을 돌다 엄마가 집에 와야 집에 올 수 있었던 큰아이도 힘들다는 말 한 마디 못하고 받아들이고 있었고, 가장이라는 무거운 짐을 어깨에 지고 가족을 위해 최선을 다하며 시간이 나면 가족과 함께 하려고 노력하고 마누라 기분을 맞춰주려 노력하고 있던 남편이 보이기 시작하는 것이었습니다.

감사일기를 쓰면서 작은 일도 감사할 줄 알게 되었고, 힘든 일이 있어도 그럼에도 감사하게 되었고, 상대방의 단점보다 장점을 찾으려고 노력하다 보니 감사함이 일상이 되고, 소리를 지르거나 짜증을 내기보다 웃으며 대화를 하고 상대방을 존중하게 되니 불만이 줄어들게 되었습니다. '행복하다, 사랑한다' 라는 말이 일상이 되었고 서로 안아주고 부비고 짧은 시간이지만 하루 일과를 주고받고 잠들기 전에 행복했던 일을 얘기하며 잠이 들게 되었습니다.

사람이다 보니 시간이 지나면서 바쁘다는 핑계로 느슨해지고 있던 어느 날, 2년 전 남편과 사별한 동기에게서 밤늦게 전화가 왔습니다. 대화 중에 "미안하다. 사는 게 팍팍해서 전화도 못했네…"라고 하니 동기는 "네가 뭐가 팍팍하니? 나도 있는데…"라고 하였습니다. 그 이야기를 듣는 순간 정신이 번쩍 들면서 다시 나를 돌아보게 되었습니다.

생각해보면 나는 부족한 것이 없는데 감사함을 잊고 또 불평불만을 하고 있었던 것이었습니다. 주변을 둘러보니 큰아이는 사춘기가 오면서 말수도 줄고 친구관계로 어려워하고 있었고, 작은아이는 유치원에서 어려움을 겪고 있었고, 남편은 주말도 없이 일을 하며 지쳐가고 있었는데, 또 나 혼자 힘든 척하고 있었던 것이었습니다.

다시 마음을 다잡아 감사일기를 쓰며 가족과 많은 대화를 하려 노력했고, 그런 마음을 표현하면서 집안 분위기가 달라졌습니다. 퇴근하면 두 녀석이 동시에 달려와 하루에 있었던 이야기를 해줍니다. 그게 얼마나 행복하고 즐거운 일인지 모르겠습니다.

최근 '365행복운동' 1년을 돌아보는 열린 토론회에 참석하여 다른 동료들이 하고 있는 여러 방법을 보면서 깨달은 것이 있었습니다. 혼자만 하기보다는 가족 및 동료들과 함께 손 편지, 손 메모 등으로 적극적으로 감사를 표현하고, '사랑합니다' 보다 얼음의 결정체를 두 배 더 단단하게 한다는 '감사합니다' 라는 말을 더 많이 하며 감사를 훈련해야겠다고 생각했습니다.

　누군가 칭찬을 해주면 더 열심히 하고 싶어지듯 칭찬도 열심히 하고 나 자신을 위한 축복도 게을리 하지 않아야겠다고 반성하며 적극적으로 실천해야겠다고 다짐하게 되는 좋은 계기가 되었습니다.

상사 최영순

행복도 훈련을 통해 몸에 익히는 것!

'365행복운동'을 접하면서 '행복'이라는 단어가 멀리 있지 않고 가까이 있구나 라는 믿음이 생겼습니다. 자존감을 높이기 위한 방법들을 실제로 어떻게 생활에 적용해야 좀 더 저의 자존감을 높여 행복감을 느낄 수 있을까에 대한 고민을 하게 됐습니다. 감사에 대한 내용을 적는 것도 도움이 많이 되었지만 실제 생활에서의 실천으로 무엇을 할 수 있을까 고민하면서 기존 방법과 더불어 제가 할 수 있는 일부터 스스로 연습을 해보기로 했습니다.

첫째, 부정적인 사고를 긍정적인 사고로 바꾸는 연습을 했습니다. 여러 업무가 들어올 때 쌓이는 부담과 스트레스는 저의 부정적인 사고의 최대 난관이었습니다. 이 난관에 대해 '5(감사)'을 떠올리며, 업무를 협조하는 사람이 겪는 많은 어려움을 이해하고 그 사람의 좋은 점을 생각해 칭찬하는 노력을 했습니다. 또 그 일을 지원해준 나에게는 '6(축복)'을 떠올리며 사소하지만 작은 칭찬이라도 꼭 하면서 스스로를 격려하는 연습을 했습니다. 그 결과 요즘에는 웃는 일이 많아지고 항상 긍정적인 생각을 가지고 일하는 경우가 많아졌습니다.

둘째, 가정 안에서 실천하였습니다. 이 방법은 뜻밖의 계기를 통해 시작되었습니다. 하루는 술을 먹고 집에 가서 바로 잠이 들고 아침에 무척 힘든 몸으로 출근 준비를 하는데 가족이 아침 일찍 밥상에 해장국과 반찬을 준비해 놓고 다시 잠을 자는 것이었습니다. 그 모습이 너무 고맙고 사랑스러워서 뭔가 남길 게 없을까 하는 생각에 종이와 펜을 들고 감사의 내용을 적어 올려놨습니다. 가족이 그 글귀를 보고 도리어 저에게 고맙다고 답변을 해왔습니다. 감사의 말이라는 것이 가족 간에 말로 표현하기는 참 어렵지만, 글로는 쉽게 표현될 수 있겠구나 라는 생각을 하게 되었습니다. 그 후 가족에게 사소한 감사라도 쪽지로 적어 주면서 항상 표현을 했고 요 근래에는 가족도 저에게 감사의 쪽지를 자주 보내옵니다. 저와 가족 사이에 말 못하고 힘들었던 일들도 이해하게 되고 상대방의 나쁜 버릇도 고치게 되었습니다. 감사의 쪽지는 이제 저희 가족에게 사랑의 메신저가 되었습니다.

마지막으로, 군대에서 훈련을 통해 기술을 몸에 익히듯 행복운동 또한 계속 스스로 훈련하면서 몸에 익혀야 하는 훈련이라고 생각합니다. 처음 기술을 터득하기는 어려울지 모르나 훈련하다 보면 자기도 모르게 자존감이 높아져 있고 남을 배려하는 마음, 자기 자신을 사랑하는 마음이 몸에 배게 되는 것 같습니다. '365행복운동'은 게을리 하면 할수록 잊히는 운동입니다. 그렇기 때문에 더더욱 스스로의 습관 및 생활이 되기까지 노력과 힘을 쏟아야 한다고 생각합니다. 저도 부족한 부분이 많지만 항상 하루 3가지 칭찬, 6가지 축복, 5가지 감사의 의미를 이해하려 노력하면서 생활에 적용합니다. 실천하려는 노력을 통해 자신도 모르게 변화되어 가는 것 같습니다.

'365행복운동'을 통해서 가정이 편안해지고 일이 즐거워지는 것을 느끼고 있습니다. 제 자신이 변화되고 있는 것을 강하게 느끼며 '나는 정말 이 세상에 있어 참 필요한 존재구나, 나는 즐거운 사람이구나, 내게 없는 것은 없구나!' 라는 생각이 변화를 더욱 끌어올리고 있습니다. 앞으로도 저의 자존감을 좀 더 향상시키고 또한 긍정적인 마인드로 어려운 일이 닥쳐도 이겨낼 수 있는 힘을 기르고 남을 먼저 배려하는 제 자신에게 감사할 줄 아는 모습으로 변화될 것입니다.

- 중사 김민준

소중한 사람과 함께하는 100감사 노트 쓰기

'365행복운동' 의 교육을 들은 뒤 감사노트를 써보게 되었습니다. 처음에는 어색했지만 하나하나 채워갈수록 이토록 감사할 게 많았구나 새삼 느낄 수 있는 시간이었습니다. 다음은 제가 쓴 100 감사노트입니다. 많은 분들에게 참고가 되었으면 좋겠습니다.

1. 건강하고 이쁘게 잘 자라준 두 아들과 딸에게 고맙고 감사한다.
2. 묵묵히 가정을 지키며 내조를 해주고 있는 아내에게 사랑한다는 말과 감사를 한다.
3. 팔순을 넘으신 연세에도 건강하시고 자식들을 걱정과 사랑으로 보아주시는 부모님께 존경의 마음과 감사를 드린다.
4. 갑상선과 유방암을 이기고 활기를 찾고 웃음으로 생활하고 있는 누나에게 사랑과 감사의 마음을 보낸다.
5. 직업군인인 아빠의 권유를 받아 하사로서의 길을 가고 있는 두 아들에게 고마운 마음과 감사를 한다.
6. 부대를 방문해서서 악수를 하며 따뜻한 눈빛으로 수고하고 고생한다며 웃음으로 보아 주시는 사령관님께 감사드립니다.
7. 오늘도 아침에 일어나 출근을 할 수 있는 직장이 있다는 것에 힘차게 걸음을 한다.
8. 본인의 업무 시 적극적으로 임하고 본인 스스로 찾아서 근무를 하고 있는 보급

계인 노동완 병장에게 감사하다.

9. 부사관의 마지막 계급인 원사 계급장을 선사해준 조국과 군에 감사의 생각과 마음을 가진다.

10. 부부 동반하여 계급장 수여식과 티타임을 하며 축하해주신 사령관님께 감사의 마음을 전합니다.

11. 저녁 식사 후에 "그동안 고생했어요." 하며 다정하게 말을 건네 주는 아내에게 감사의 마음을 전한다.

12. 감시 일기를 쓰기 시작하면서 세상을 보는 눈과 사랑의 마음이 커진 섬에 감사합니다.

13. 위탁 보관중인 치장 총기 점검 시 환하게 웃으며 적극적으로 지원하여준 김중사에게 감사의 마음을 전합니다.

14. 굳은 날씨 임에도 부대의 명예를 위하여 구슬땀을 흘리며 철도결박 경연대회에 참가한 전우들에게 감사합니다.

15. 항상 잘 지내고 있느냐며 전화로 안부를 물어주시고 따뜻한 말로 위해주시는 김상구 선배님께 감사합니다.

16. 주임원사는 부대의 어머니라며 위해주시고 믿고 도와주시는 대장님께 감사합니다.

17. '그릿' 이라는 교육으로 한층 정신적으로 성숙하게 하여주신 사령관님께 감사합니다.

18. 베트남을 다녀왔다 하시며 조그마한 선물을 주고 가시는 진규상 중령님께 감사합니다.

19. 어떤 상품이 좋은지 고민을 하며 물어볼 때 자세히 설명하여 도와준 KB 이상근 부지점장에게 감사합니다.

20. 간부가 명함이 없으면 안 된다며 명함을 제작하여 보내준 광고협회 사장 최종욱님에게 감사드립니다.

21. 모처럼의 동기들 모임에서 즐거운 시간을 보낼 수 있게 준비한 손상철에게 감사합니다.

22. 본인의 업무도 힘들면서 항상 웃는 얼굴로 마음을 즐겁게 해주는 신동훈 중사에게 감사의 마음을 전합니다.

23. 부대 행사나 업무에서 배차 요청을 하면 적극 지원해주는 수송관님께 감사의 마음을 전합니다.

24. 업무의 궁금한 점이나 애로사항이 있을 때 문의하면 적극적인 마음으로 지원 및 지도해주는 군수과 간부들께 감사의 마음을 전합니다.

25. 차량 배터리가 방전돼서 고민하고 있을 때 달려와서 도와주신 임만식 형님께 감사합니다.

26. 용사들의 휴식 공간과 편의시설을 꾸며주신 사령관님께 감사드립니다.

27. 부대 환경미화를 위하여 구고하 화분을(100개) 지원하여 주신 정재일 사장님께 감사드립니다.

28. 중학생인 딸에게, 말썽 없이 부모의 의견을 잘 들어주고 이쁘게 지내주어서 사랑과 감사의 마음을 전한다.

29. 군 간부의 길을 올바르게 걸어가라고 바른 방향으로 인도하여 주시는 아버님께 감사드립니다.

30. 출근 시에 '충성' 하며 웃으면서 인사해주는 우리 용사들에게 감사의 마음을 전한다.

31. 부대 동원훈련 간에 아낌없이 지원해준 601수송대대의 장병들과 김기창 주임원사에게 감사의 마음을 전한다.

32. 성심성의를 다해 교육을 도와준 교관, 조교들에게도 감사의 마음을 전한다.
33. 수시로 "요즘은 어떻게 지내니?", "건강은 좋니?", "특별한 일은?" 하며 안부를 물어주는 우리 형님께 감사를 전한다.
34. 깜짝 이벤트로 생일케이크를 준비해서 축하를 해주는 우리 행정반 용사들에게 감사의 마음을 보낸다.
35. 항상 "사랑한다. 아우야." 하고 말씀하여 주시는 전직 교육원의 김성호 본부장님께 감사의 마음을 전한다.
36. 업무로 인하여 문자로 보고 시 항상 "고생한다. 수고했다." 며 격려의 말을 해주시는 대장님께 감사드립니다.
37. 부대 출근 시 항상 교통신호 안내를 해 주시는 이름 모를 모범 운전사님께 감사를 드립니다.
38. 모범적으로 근무하여 합참 검열관님께 합참의장님 표창을 상신받고 근무하는 광명의 김경진 상사에게 감사한다.
39. '칭찬합시다'에 열심히 근무한다고 선행이 올라와 부대를 빛낸 강릉의 오건섭 원사에게 감사의 마음을 전한다.
40. 부대 발전과 여행 장병의 편의를 위하여 라운지 공사 등 여러 가지 일을 도와주신 기반과 간부들께 감사한다.
41. 수시로 부대 부사관들의 안부를 묻고 이상 유무를 파악하여 도와주시려는 사령부 주임원사님께 감사합니다.
42. 아버님이 돌아가시는 애사가 있었음에도 밝은 모습을 보이면서 근무하는 김홍배 상사에게 감사를 한다.
43. 인력 용역업을 하면서 "형님, 전역하시면 저희 회사에서 일 좀 도와주십시오." 하는 김주영 사장에게 감사한다.

44. 집중정신 교육 시 군법교육을 지원해주신 육군 중앙수사단의 곽한섭 준위님께 감사의 마음을 전한다.

45. 항상 웃으면서 "안녕하세요." 하고 웃어주는 퇴계원역의 직원에게 감사의 마음을 전한다.

46. 어두워서 차량 주차를 힘들어하는데 뒤에서 차를 유도하여 주시는 경비 아저씨에게 감사합니다.

47. 매일 아침마다 일일예정표를 주며 "수고하십시오." 라고 인사를 건네주는 우리 용사들에게 감사한다.

48. 당직 근무를 하고도 밝게 웃으며 업무에 임하고 있는 우리 간부들에게 감사합니다.

49. 최우수 TMO에 선정되어 우리 부대를 빛내준 용산 반장님 이하 관리관 용사들에게 사랑과 감사의 마음을 전하며 계속 열심히 해주시길 부탁드립니다.

50. 전반기 부사관 성과분석 회의를 잘 치를 수 있게 지원해주신 항만단장님과 주임원사께 감사드립니다.

51. 하계 휴양 시 누님의 농장에서 부대 장병이 즐거운 시간을 보낼 수 있게 됨에 감사드립니다.

52. 하계 휴양 시 휴양 장소를 지원해준 매형, 누님께 감사드립니다.

53. 여름휴가 시 삽시도의 초담 민박집의 사장님의 친절과 모든 지원을 해주신 데 감사드립니다.

54. 부대 차량 이상 시 즉시 정비와 수리를 하여 이상 없이 근무하게 해준 정비관께 감사합니다.

55. 사령부 지도 방문 시 바뀐 규정과 미처 파악하지 못한 업무를 상세히 설명해준 예산과장님께 감사를 드립니다.

56. 부대의 환경미화를 위하여 액자를 기증 하여주신 2함대 사령부의 이창식 원사 님께 감사를 드립니다.

57. 평택TMO 지도 방문 시 정리정돈과 환경미화 등, 분위기 조성하여 여행 장병 편의제공에 노력한 것에 감사한다.

58. 원주TMO 지도 방문 시 숙소를 제공해주고 저녁 식사를 함께 해준 김계원 상사 에게 감사를 드립니다.

59. 큰 처남의 사고 시에 즉각 응급 헬기를 지원하여주신 안동병원의 관계자 분들 에게 감사드립니다.

60. 9시간의 큰 수술을 히여서 처남의 생명을 구해주신 익사 선샘늬들에게 감사를 드립니다.

61. 집안의 사고 시 즉각 사고 수습을 할 수 있게 시간을 주신 대장님께 감사드 립니다.

62. 김장을 하고서 "너희 김장이다." 하며 김치를 보내주신 누님께 감사를 드립 니다.

63. 기관지가 나쁜 저를 위하여 한약을 지어 보내주신 부모님께 큰 사랑을 느끼 며 감사를 드립니다.

64. 이상 없이 군 생활을 할 수 있게 해주는 부대의 전 장병들께 감사를 드립니다.

65. 부대의 정비 및 환경을 위하여 적극적으로 일하여준 믿음산업의 관계자 분들 께 감사드립니다.

66. 본인의 업무뿐 아니라 주말에도 출근하여 부대를 위해 일을 하여준 엄주태 중 사에게 감사한다.

67. 사령부의 연구 강의 시 결박교육 모델을 정성껏 만들어준 퇴계원, 덕정 반장에 게 감사한다.

68. 수시로 문자 등의 좋은 글을 보내주시는 이명대 님께 감사드립니다.

69. 교훈이 되는 글과 함께 매일 아침에 안부를 물어오는 신한은행의 진 소장님께 감사를 드립니다.

70. 오후의 늦은 시간인데도 출장을 와서 부대 보일러를 수리해준 기사님께 감사드립니다.

71. 나르미 북카페 개장식을 주관해주신 사령관님께 감사드립니다.

72. 개장식 준비를 많이 도와준 신동훈 중사에게 감사합니다.

73. 이른 아침부터 본부로 와 많은 일을 도와준 TMO장들에게 감사합니다.

74. 부사령관님께서 부대를 방문해주셔서 많은 격려를 해주셨습니다. 감사합니다.

75. 항상 부대를 생각해주시는 대장님께 감사합니다.

76. 올 한 해 동안 용사들에게 아무런 사건 사고 없이 마무리하게 해주셔서 감사합니다.

77. 어떠한 잘못도 아픔도 같이 함께해주는 가족에게 감사합니다.

78. 무더운 날씨에 너무 상쾌하게 만들어주는 에어컨에게 감사합니다.

79. 국민의 세금으로 많은 월급을 받을 수 있어 감사합니다.

80. 동원훈련을 아무런 사고 없이 마무리 할 수 있게 해줘서 감사합니다.

81. 하계 휴양 장소를 제공해준 우리 누님에게 감사합니다.

82. 나를 믿고 항상 따라주는 부대원들에게 감사합니다.

83. 항상 맛있는 점심을 만들어주는 취사병에게 감사합니다.

84. 항상 일과시간 후 부대를 지켜주는 당직사관에게 감사합니다.

85. 매일 출근길을 안전하게 운행해준 ITX기관사님께 감사합니다.

86. 항상 바쁜 일정도 소화해내는 나 자신에게 감사합니다.

87. 항상 가족을 만날 수 있다는 생각만으로도 감사합니다.

88. 즐거운 크리스마스 날 맛있는 케이크를 선물해준 우리 딸에게 감사합니다.

89. 내 생일을 챙겨준 우리 부대원에게 감사합니다.

90. 하나라도 더 챙겨주시는 우리 철물점 사장님께 감사합니다.

91. 마음의 안정을 찾아주는 음악에게 감사합니다.

92. 항상 안부를 물어주는 지인들에게 감사합니다.

93. 좋은 곳에서 근무 할 수 있게 해준 사령관님께 감사합니다.

94. 건강한 나를 있게 해 준 부모님께 감사합니다.

95. 나에게 항상 밝은 자신감이 생기는 것에 감사합니다

96. 내일이 있음에 항상 감사합니다.

97. 나를 가장 잘 이해해주는 장범진 상사에게 감사합니다.

98. 전역한 박민재 중위에게서 생일선물을 받았습니다. 마음 하나하나가 감사합니다.

99. 올 한 해를 반성하고 내년에는 더 열심히 하겠다는 다짐을 할 수 있음에 감사합니다.

100. 감사의 책을 선물해주신 사령관님께 감사합니다.

- 원사 김구엽

생/각/하/기

英 BBC가 발표한 - 행복헌장

행복!

지난해 5월 영국 국영 방송 BBC는 4부작 다큐멘터리 제작을 위해 심리학자, 경영컨설턴트, 자기계발 전문가, 사회사업가 등으로 구성된 이른바 '행복위원회'를 만들었고 그 위원회가 발표한 '행복헌장' 이라는 걸 만들었는데 한번 찬찬히 들여다 보자.

◆ **행복에 이르는 지침 17가지**

1. Friend ▶ 친구가 있어야 행복하다

2. Money ▶ 돈이 행복의 충분조건은 아니지만 필요조건

3. Works ▶ 할 일이 없는 건 지옥, 일이 있어야 행복하다

4. Love ▶ 세상을 움직이는 놀라운 힘, 사랑

5. Sex ▶ Sex 없는행복?, 그러나 잘못된 성은 재앙!

6. Family ▶ 가정, 행복이 시작되는 곳

7. Children ▶ 아이들은 가정의 꽃!

8. Food ▶ 맛 난 음식은 우리를 행복에 젖게 한다.

9. Health ▶ 건강없는 행복이 어디 있으랴

10. Exercise ▶ 기분이 좋아지는 지름길, 운동

11. Pets ▶ 행복을 더해주는 나만의 친구, 반려동물

12. Holidays ▶ 일탈의 즐거움

13. Community ▶ 공동체, 나와 세상을 이어주는 행복한 관계
14. Smile ▶ 미소만으로도 내 삶이 배로 행복해진다
15. Laughter ▶ 행복해서 웃는 것이 아니라 웃어서 행복하다
16. Spirits ▶ 긍정의 씨앗을 뿌려주는 행복의 길잡이, 영성
17. Age ▶ 행복하게 나이 들기

◆ 행복을 얻기 위한 12가지 방법

1. 좋아하는 일을 하라.
2. 즐겁게 행동하라. 행복한 표정을 짓고 낙천주의지이며 외향적인 사람인처 하라.
3. 가장 좋은 친구는 바로 자신이다. 자책하거나 자신에게 불가능한 요구를 하지 마라.
4. 자신에게 작은 보상이나 선물을 함으로써 매일 현재를 살아라.
5. 친구와 가족을 위해 시간과 노력을 투자하라.
6. 현재를 즐겨라. 문제가 발생하면 낙천적으로 생각하라. 문제를 과장하지 말고 좌절하지 않으면 행복의 바탕이 되는 중심을 찾을 수 있다.
7. 인생의 즐거움을 만끽하라.
8. 시간을 잘 관리하라. 상위목표를 세우라. 그리고 그 목표를 매일매일 실천할 수 있는 작은 목표들로 나누어라. 작은 목표들을 하나씩 달성하다 보면 어느새 시간을 잘 관리하는 즐거움을 맛볼 수 있다.
9. 스트레스와 역경을 헤쳐나갈 수 있는 나름의 방법을 준비하라.
10. 음악을 들으라. 휴식과 자극을 동시에 느낄 수 있다.
11. 활동적인 취미를 가지라.
12. 자투리 시간을 생산적으로 활용하라. 자신의 생각을 정리할 시간을 가져라.

맺음말

군대는 나를 변화시킬
터닝포인트의 무대이며 나의 미래다

　많은 젊은이들이 군복무 기간을 시간 낭비로 여기거나 두렵고 피하고 싶은 시간이라고 생각한다. 하지만 진실한 가치를 위해 임한다면, 군에서 보내는 매 순간도 '어쩔 수 없는' 시간이 아니라 '값진' 시간이 되고 '나를 위한' 시간이 될 수 있다.

　실제로 2년간의 군복무 기간은 얼마든지 자기계발과 발전의 기회로 활용할 수 있는 시간이다. 학교생활이나 사회생활에서는 바빠서 못했던 독서 계획을 짤 수도 있고, 자투리 시간을 활용해 시험을 준비하거나 자격증 공부, 어학공부 등도 할 수 있다. 의지가 약해 체력단련을 하지 못했던 사람이라면 제대 전까지 꾸준히 단련하여 건강한 '몸짱'으로 거듭날 수 있다. 새로운 환경과 관계 속에서 자신의 새로운 면을 발견할 수 있고, 리더십과 팔로워십을 체험할 수 있는 더할 나위 없는 기회이기도 하다.

　또한 취직이나 학업으로 앞만 보고 달려왔던 사람이라면 잠시 스스로를 멈추고 자신이 진정으로 추구하는 인생의 소명을 생각해볼 수 있는 귀한 기간이기도 하다. 자신의 장점을 향상시키고 단점을 개선시키며, 자신도 몰랐던 새로운 면을 발견하고, 도전하지 못했던 것에 도전하고, 자기발전과 터닝포인트의 인생무대로 만들 수 있는 기간이며, 열정과 의지만 있다면 이 모든 시간적, 공간적 여건을 자신을 위해 활용할 수 있을 것이다.

필자는 더 건강하고 발전적인 군 문화의 확산을 위해 '자존감 높이기'라는 분명한 방향성을 가지고 사람의 마음을 근본적으로 움직일 수 있는 적극적인 교육방식을 시행해왔다. 이처럼 자존감이 중요하다고 생각한 것은, 군에서 일어나는 각종 사고들은 장병 개개인의 자존감을 돌보아주지 않아 발생한 것이라고 판단했기 때문이다. 이 모든 게 일부 병사들에게만 해당하는 문제라고 생각하는 이들도 있지만, 그런 사고들이 미치는 여파는 결코 단순하지 않다. 개인의 안전을 위협하고 부대의 사기와 전투력을 심각하게 저하시킬 뿐만 아니라 사회적으로도 엄청난 파문을 몰고 온다.

때문에 모든 사고는 반드시 미리 예방해야 한다. 그러나 '무엇 무엇을 하지 말아야 한다.'는 식의 일종의 네거티브 마인드만을 각인시키는 소극적인 캠페인으로는 사람의 깊은 마음을 움직일 수 없고, 한계가 많고, 효과적이지도 않다.

필자는 비록 마음의 상처를 입은 상태에서 입대한 장병들도, 그들이 제대할 때는 온전하고 건강한 시민으로 돌아갈 수 있으리라고 믿는다. 군대는 그런 젊은이들이 힘겨워해야 하는 곳이 아니라, 오히려 그런 이들을 위한 최고의 '대안학교' 가 되어야 한다. 학교나 사회가 해주지 못한 것을 오히려 군이 해줄 수 있어야 할 것이다.

군이 변화한다면 상호 간의 인격 존중의 토양 위에 강한 군대, 국민의 신뢰를 받는 군대가 될 수 있으리라 확신한다. 나아가 이러한 변화가 궁극적으로 군의 단결과 전투력을 향상시키는 데 크게 기여할 것이다. 또한 군대가 우리 아들들을 좀 더 건강하게 만들어준다면 국민들도 이러한 군을 더욱 신뢰할 것이다.

이를 위해서는 '소통' 과 '공감' 을 통한 업무가치의 발견과 공유가 매우 중요하다. 군 조직은 수직체계인 만큼 상급자와 하급자 간에 소통 부재가 만연하고, 때문에 많은 업무들이 성공적이지 못하게 마무리된다. 이때 개개인에 내재된 잠재력을 발굴한다면 부대원 모두가 멀티플라이어형 리더가 되어 조직의 성과를 확대시킬 수 있을 것이다.

이제부터라도 병영문화를 혁신하여 '행복한 부대' 를 만들어보자.

전 부대원 개개인의 자존감이 향상되는 군대, 모든 장병들이 행복하고 도전적인 하루하루를 보낼 수 있는 군대, '멀티플라이어 리더십' 을 통하여 업무의 효율성이 배가 되는 군대, 국가 발전에 기여할 수 있는 인재 양성소로서의 문화가 정착된 군대가 되었으면 하는 바람이다.

참고도서

감사, 감사의 습관이 기적을 만든다 / 정상교 저

나를 사랑하게 하는 자존감 / 이무석 저

군복무 부적응자 인원상황 및 관리에 대한 실태조사 / 국가인권위원회, 2012.11

청소년 문제행동 / 한상철 공저

복수당하는 부모들 / 전현수 저

상처가 멘토다 / 윤정 저

감사의 힘 / 데보라 노빌 저

리스펙트 / 데보라 노빌 저

물은 답을 알고 있다 / 에모토 마사루 저

다윗과 골리앗 / 말콤 글래드웰 저

그릿 / 김주환 저

회복탄력성 / 김주환 저

창의성의 즐거움 / 미하이 칙센트미하이 저

행복 뇌 접속 / 릭 핸슨 저

콜린 파월의 실전 리더십 / 콜린 파월 · 토니 콜츠 저

심리학 백과사전 / 김문성 편저

너는 나에게 상처를 줄 수 없다 / 배르벨 바르데츠키 저

세로토닌하라 / 이시형 저

슬로씽킹 / 칼 오너리 저

삶을 업그레이드 하는 더 나은 삶　　모아북스의 자기계발 도서

**감사, 감사의 습관이
기적을 만든다**
정상교 지음
246쪽 | 13,000원

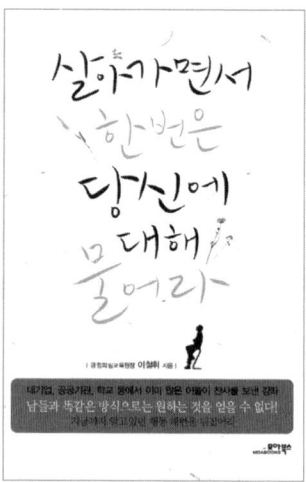

**살아가면서 한번은
당신에 대해 물어라**
이철휘 지음
256쪽 | 14,000원

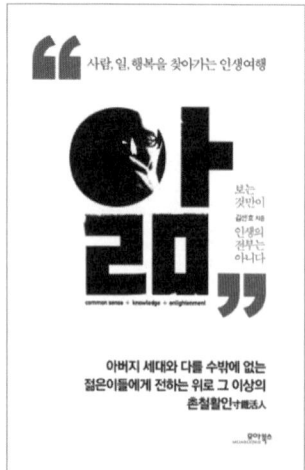

앎
보는 것만이 인생의 전부는 아니다
김선호 지음 | 208쪽 | 12,500원

감정회복
닫혀버린 마음도 열고
사람도 잃지 않는
윤재진 지음 | 248쪽 | 15,000원

될 때까지 끝장을 보라
이겨놓고 승부하는 열정의 키워드
김종수 지음 | 272쪽 | 15,000원

헤매고 넘어지고 뒤집기
고정관념을 뒤집는 코칭 전문가
기우정의 감성수업
기우정 지음 | 228쪽 | 13,500원

나인 레버
하는 일마다 잘 되는 사람의
이유를 아는가?
조영근 지음 | 248쪽 | 12,000원

어떻게 삶을 주도할 것인가
비전멘토, 자기경영 전문가 이훈이
제안하는 삶의 의미와 방향찾기
이훈 지음 | 276쪽 | 15,000원

**놓치기 아까운
젊은날의 책들**
최보기 지음
248쪽 | 13,000원

**책속의 향기가
운명을 바꾼다**
대한민국 최초 독서 디자이너의 랩소디
다이애나 홍 지음 | 257쪽 | 12,000원

다이애나 홍의 독서 향기
다이애나 홍 지음
248쪽 | 12,000원

**베스트셀러 절대로
읽지 마라**
내 곁에 있는 책이 나를 말해준다
김욱 지음 | 288쪽 | 13,500원

밥이 고맙다
일상에 대한 맛있는 인생 레시피
이종완 지음 | 292쪽 | 15,000원

아버지 사랑은 택배로 옵니다
감성충전 행복테라피
김윤숙 지음 | 240쪽 | 12,000원

생존 매뉴얼 365
김학영·지영환 지음
420쪽 | 25,000원

웰레스트
이내화 지음
280쪽 | 13,000원

감사의 재발견

초판 1쇄 인쇄	2016년 05월 02일
1쇄 발행	2016년 05월 16일

지은이	윤 국
발행인	이용길
발행처	**모아북스** MOABOOKS

관리	정윤
디자인	이룸

출판등록번호	제 10-1857호
등록일자	1999. 11. 15
등록된 곳	경기도 고양시 일산동구 호수로(백석동) 358-25 동문타워 2차 519호
대표 전화	0505-627-9784
팩스	031-902-5236
홈페이지	www.moabooks.com
이메일	moabooks@hanmail.net
ISBN	979-11-5849-024-9 13320

· 좋은 책은 좋은 독자가 만듭니다.
· 본 도서의 구성, 표현안을 오디오 및 영상물로 제작, 배포할 수 없습니다.
· 독자 여러분의 의견에 항상 귀를 기울이고 있습니다.
· 저자와의 협의 하에 인지를 붙이지 않습니다.
· 잘못 만들어진 책은 구입하신 서점이나 본사로 연락하시면 교환해 드립니다.

모아북스는 독자 여러분의 다양한 원고를 기다리고 있습니다.
(보내실 곳 : moabooks@hanmail.net)